Hartmut Graff

Neue Französische Grammatik

GRUNDLAGEN

dnf-Verlag

Neue Französische Grammatik *Grundlagen*

von
Hartmut Graff

unter Mitarbeit von
Julien Bertrand

unter der Leitung
der Verlagsredaktion Sprachen, dnf-Verlag DAS NEUE FACHBUCH GmbH.

ISBN 3-931104-80-X

1. Auflage 6 | 97

Gestaltung und Gesamtherstellung: Studio Maurus, Germany.

VORWORT

Die **Neue Französische Grammatik *Grundlagen*** ist ein lehrbuchunabhängiges Lern- und Nachschlagewerk zur französischen Grammatik und richtet sich an alle, die sich ein grundlegendes Wissen über die französische Grammatik verschaffen möchten, also an alle Schüler, Volkshochschüler, Selbstlerner und auch Studenten.

Besonderer Wert wurde auf einen *übersichtlichen Aufbau* gelegt, denn Übersichtlichkeit erleichtert entscheidend das Lernen und beugt Verständnisschwierigkeiten vor.
So wurde stets darauf geachtet, daß die Einsparung von ein paar wenigen Seiten im Endeffekt, nicht auf Kosten der Übersichtlichkeit ging.

Jeder Regel und ihrer Erklärung sind die entsprechenden Beispiele gegenübergestellt. So ist die Anwendung der Regel unmittelbar anhand der Beispiele nachvollziehbar. Die deutsche Übersetzung, die angegeben ist, wo immer erforderlich, beugt zusätzlich Verständnisschwierigkeiten vor.
Durch die Gegenüberstellung von Sachverhalten in Tabellen sind Unterschiede bzw. Parallelen sofort zu erkennen und leichter zu lernen.
Komplexe Sachverhalte sind in übersichtlichen und ansprechend gestalteten Tabellen oder Schaubildern dargestellt. Der Lernende kann sich diese so leicht einprägen.
Die sinnvolle Sortierung einzelner Sachverhalte ist eine wesentliche Lernhilfe. So sind inhaltlich zusammengehörende Sachverhalte auch zusammen abgehandelt.
Alle für ein bestimmtes Kapitel relevanten Sachverhalte sind auch in diesem Kapitel behandelt. Es konnte daher auf Querverweise verzichtet und dem Lernenden die damit verbundene Sucherei erspart werden.
Die verständliche Formulierung grammatischer Sachverhalte und die Erklärung von Fachausdrücken stets an Ort und Stelle und in einer ausführlichen Liste zum Nachschlagen sind weitere entscheidende Vorteile.

Verfasser und Verlag

Inhaltsverzeichnis

Inhaltsverzeichnis

Inhaltsverzeichnis

DER SATZ

PRÄFIXE und SUFFIXE

DIE RECHTSCHREIBUNG

DIE ZEICHENSETZUNG

DIE SILBENTRENNUNG

Abkürzungen

Adj.	Adjektiv
adv.	adverbial
Adv.	Adverb
best.	bestimmt
bzw.	beziehungsweise
Con.	conditionnel
d. h.	das heißt
Dem. pron.	Demonstrativpronomen
dir.	direkt
etc.	etcetera
etw.	etwas
F. A.	futur antérieur
fem.	feminin
F. P.	futur proche
F. S.	futur simple
Gér.	gérondif
Imp.	impératif, Imperativ
Impar.	imparfait
Ind.	indicatif, Indikativ
Indefinitpron.	Indefinitpronomen
indir.	indirekt
Inf.	infinitif, Infinitiv
Int. pron.	Interrogativpronomen
jm.	jemandem
jn.	jemanden
Kon.	Konsonant
konj.	konjugiert
mask.	maskulin
Mod.	mode, Modus
n.	nous
Nu.	Numerus
Obj. pron.	Objektpronomen
Objektpron.	Objektpronomen
P. A.	passé antérieur
Part.	participe, Partizip
Part. Perf.	Partizip Perfekt
Pas.	passé
P. C.	passé composé
Pers.	Person
Plur.	Plural
P. P.	plus-que-parfait
präd.	prädikativ
Präp.	Präposition
Prés.	présent
P. S.	passé simple
qc	quelque chose
qn	quelqu'un
Rel. pron.	Relativpronomen
Sing.	Singular
Sub.	subjonctif
Subj. pron.	Subjektpronomen
Subj. pronomen	Subjektpronomen
Teil. art.	Teilungsartikel
unbest.	unbestimmt
v.	vous
vern.	verneint
VG	Verbgruppe
z. B.	zum Beispiel

Das Alphabet (l'alphabet)

Buchstabe	Aussprache	Buchstabe	Aussprache
a	[a]	**n**	[ɛn]
b	[be]	**o**	[o]
c	[se]	**p**	[pe]
d	[de]	**q**	[ky]
e	[ə]	**r**	[ɛr]
f	[ɛf]	**s**	[ɛs]
g	[ʒe]	**t**	[te]
h	[aʃ]	**u**	[y]
i	[i]	**v**	[ve]
j	[ʒi]	**w**	[dublə ve]
k	[ka]	**x**	[iks]
l	[ɛl]	**y**	[igrɛk]
m	[ɛm]	**z**	[zɛd]

Die oben verwendeten Zeichen der internationalen Lautschrift werden wie folgt ausgesprochen:
[ə] kurzes, dumpfes -ö,
[ɛ] offenes -e,
[ʒ] stimmhaftes (weiches) -sch,
[ʃ] stimmloses (scharfes) -sch,
[y] ü-Laut.

Die Betonung (l'accentuation)

Die folgenden Ausführungen stellen die wichtigsten Grundregeln der französischen Betonung dar.

Zweisilbige Wörter

Zweisilbige Wörter werden in der Regel auf der zweiten bzw. letzten Silbe betont.

- **af-fect**
- **fin-ir**

Drei- und mehrsilbige Wörter

Drei- und mehrsilbige Wörter werden in der Regel auf der letzten Silbe betont.

- **ani-ma-tion**
- **col-lec-teur**

-é(e) als Endbuchstabe(n)

Ist der Endbuchstabe eines Wortes **-é(e),** dann wird das Wort, unabhängig davon aus wievielen Silben es besteht, auf der letzten Silbe betont.

- **mil-li-mé-tré**
- **na-vi-ga-bi-li-té**
- **pen-sée**

Die Aussprache (la prononciation)

Die folgenden Ausführungen stellen die wichtigsten Grundregeln der französischen Aussprache dar. Sie sollen mithelfen von der Aussprache auf die richtige Schreibweise schließen zu können. Die Zeichen der internationalen Lautschrift (in eckigen Klammern) sind in den danebenstehenden Beschreibungen erläutert.

Die Vokale (les voyelles)

Die Vokale (Selbstlaute) sind Laute, bei deren Aussprache kein anderer Laut benötigt wird. Zu den Vokalen gehören **a, e, i, o, u.**

a, â	[a] [ɑ]	Reines, offenes -a, bzw. dunkles -a.	• part • âme
e	[ə]	Kurzes, dumpfes -ö. Der Endvokal -e klingt, vor allem nach Konsonant, leicht an.	• dehors • jeter • petite

e	[e]	Geschlossenes, langes -e, vor allem vor -r, -s und -z.	• l**e**s • n**e**z
	[ɛ]	Offenes, kurzes -e, ähnlich dem ä-Laut.	• s**e**c • t**e**chnique
	[-]	Am Wortende bleibt das -e oft stumm (unausgesprochen).	• îl**e** • mill**e**
é	[e]	Geschlossenes, langes -e.	• l**é**ger • appel**é**
è, ê	[ɛ]	Offenes, kurzes -e, ähnlich dem ä-Laut.	• p**è**re • t**ê**te
i, î	[i]	Geschlossenes -i.	• **i**c**i** • **î**le
o	[o] [ɔ]	Geschlossenes -o bzw. offenes -o.	• p**o**t • p**o**che
ô	[o]	Geschlossenes -o.	• d**ô**me • r**ô**le
œ	[œ] [ø]	Kurzes, offenes -ö bzw. geschlossenes -ö.	• c**œ**ur • n**œ**ud
u, û	[y]	Geschlossenes -ü.	• **u**nion • s**û**r

Neben den reinen Vokalen gibt es noch Verbindungen aus zwei Vokalen (Diphthonge), Vokalen und Konsonanten und Nasalvokalen, die durch die Nase gesprochen werden.
Es ist zu beachten, daß auf die Lautverbindungen folgende Konsonanten häufig nicht ausgesprochen werden, es sei denn es folgt ein -e oder bei liaison. Dasselbe gilt für Endungs-s und -x zur Kennzeichnung des Plurals, die ebenfalls nur bei liaison hörbar sind.

ai	[ɛ]	Offenes -e, ähnlich dem ä-Laut.	• franç**ai**s • tr**ai**re
aim	[ɛ̃]	Nasales, offenes -e, ähnlich einem nasalen ä-Laut.	• f**aim**

ain **aine**	[ɛ̃] [ɛn]	Nasales, offenes -e, ähnlich einem nasalen ä-Laut. In **-aine** wird **-ain** entnasaliert, also wie offenes -e, ähnlich dem ä-Laut ausgesprochen.	• améric**ain** • améric**aine**
ail **aille**	[aj]	Einsilbig gesprochener Laut aus offenem -a und -j. In **-aille** klingt das -e leicht an.	• b**ail** • ferr**aille**
am **am(m)e**	[ã] [am]	Nasales -a. In **-am(m)e** wird **-am** entnasaliert, also wie -am ausgesprochen.	• l**am**pe • d**ame** • gr**amme**
an **an(n)e**	[ã] [an]	Nasales -a. In **-an(n)e** wird **-an** entnasaliert, also wie -an ausgesprochen.	• catal**an** • pays**an** • catal**ane** • pays**anne**
au	[o]	Geschlossenes, langes -o.	• c**au**se • ch**au**d
eau	[o]	Geschlossenes, langes -o.	• **eau** • tabl**eau**
ei	[ɛ]	Offenes -e, ähnlich dem ä-Laut.	• b**ei**ge • n**ei**ge
eil **eille**	[ɛj]	Einsilbig gesprochener Laut aus offenem -e und -j. In **-eille** klingt das -e leicht an.	• par**eil** • par**eille**
ein **eine**	[ɛ̃] [ɛn]	Nasales, offenes -e, ähnlich einem nasalen ä-Laut. In **-eine** wird **-ein** entnasaliert und wie offenes -e, ähnlich dem ä-Laut ausgesprochen.	• pl**ein** • pl**eine**
em	[ã]	Nasales -a.	• **em**bêter • **em**pêcher

en **en(n)e**	[ã] [ɛn]	Nasales -a. In **-en(n)e** wird **-en** entnasaliert und wie offenes -e, ähnlich dem ä-Laut ausgesprochen.	• europé**en** • europé**enne**
eu	[ø] [œ]	Geschlossenes -ö bzw. offenes -ö.	• p**eu** • s**eu**l
ie	[i]	Langes -i.	• fol**ie** • malad**ie**
ien **ienne**	[jɛ̃] [jɛn]	Nasales, offenes -e bei vorausgehendem -j. In **-ienne** wird **-en** entnasaliert und wie offenes -e, ähnlich dem ä-Laut ausgesprochen.	• ital**ien** • music**ien** • ital**ienne** • music**ienne**
ille	[ij]	Kurzes -ij, das -e klingt leicht an.	• fam**ille** • f**ille**
im **ime**	[ɛ̃] [im]	Nasales, offenes -e, ähnlich einem nasalen ä-Laut. In **-ime** wird **-im** entnasaliert, also wie -im gesprochen.	• **im**portance • cr**ime**
in **ine**	[ɛ̃] [in]	Nasales, offenes -e, ähnlich einem nasalen ä-Laut. In **-ine** wird **-in** entnasaliert, also wie -in gesprochen.	• vois**in** • vois**ine**
oi	[wa]	Offenes -wa, das -w klingt nur leicht an.	• m**oi** • recev**oi**r
om **om(m)e**	[õ] [om]	Nasales -o. In **-om(m)e** wird **-om** entnasaliert, also wie -om ausgesprochen.	• p**om**pe • at**ome** • p**omme**
on **on(n)e**	[õ] [on]	Nasales -o. In **-on(n)e** wird **-on** entnasaliert, also wie -on ausgesprochen.	• bar**on** • bar**onne** • at**one**
ou	[u]	Geschlossenes -u.	• m**ou**che • **où**

um [œ̃] Nasales, offenes -ö.
ume [ym] In **-ume** wird **-um** entnasaliert und wie -üm ausgesprochen.

- parf**um**
- pl**ume**

un [œ̃] Nasales, offenes -ö.
une [yn] In **-une** wird **-un** entnasaliert und wie -ün ausgesprochen.

- l**un**di
- l**une**

Das folgende Schaubild stellt die Aussprache der Vokale und Diphthonge und ihre möglichen Schreibweisen im Überblick dar. In der obersten Zeile sind die Laute, in der ersten Spalte sind die Schreibweisen aufgeführt. Verwandte Laute sind in einer Spalte zusammengefaßt.

	[a]	[ã]	[ə] [ø] [œ]	[e]	[ɛ]	[ɛ̃] [œ̃]	[i]	[o] [ɔ]	[õ]	[u]	[y]
a	part										
â	âme										
ai					français						
aim						faim					
ain						craindre					
am		lampe									
an		anglais									
au								cause			
e			jeter	les	sec						
é				léger							
è					père						
ê					tête						
eau								eau			
ei					neige						
ein						plein					
em		embu									
en		entrer									
eu			seul								

	[a]	[ã]	[ə] [ø] [œ]	[e]	[ɛ]	[ɛ̃] [œ̃]	[i]	[o] [ɔ]	[õ]	[u]	[y]
i							**i**c**i**				
î							**î**le				
ie							fol**ie**				
im						**im**porte					
in						vois**in**					
o								p**o**t			
ô								d**ô**me			
œ			c**œ**ur								
om									**tom**be		
on									bar**on**		
ou										**où**	
u											**u**nion
û											s**û**r
um						parf**um**					
un						l**un**di					
y							st**y**le				

Die Konsonanten (les consonnes)

Die Konsonanten (Mitlaute) sind Laute, bei deren Aussprache noch ein anderer Laut benötigt wird. Zu den Konsonanten zählen alle Laute außer den Vokalen.

b, d, f, l, m, n, p, r, t, w

Diese Konsonanten werden wie die entsprechenden deutschen Konsonanten ausgesprochen, jedoch meist nicht angehaucht.

- **b**aigner
- **d**écider
- **f**inir
- **l**ait

c [k]

Vor -a, -o, -u und vor Konsonant wird es wie -k ausgesprochen.

- **c**almer
- **c**rayon

[s] Es wird vor -e und -i wie (stimmloses) -s ausgesprochen.

- **c**einture
- **c**iel

Soll es vor -a, -o, -u wie (stimmloses) -s ausgesprochen werden, so muß das -c mit einem cédille (ç) versehen werden.

- fran**ç**ais
- re**ç**oivent
- re**ç**u

Soll es vor -e und -i wie -k ausgesprochen werden, so muß statt -c -qu geschrieben werden.

- **qu**estionner
- **qu**itter

ch [k] Vor Konsonant wird es wie -k ausgesprochen.

- **ch**lore
- **Ch**rist

[ʃ] Vor Vokal wird es wie (stimmloses) -sch ausgesprochen.

- **ch**ambre
- **ch**emin

	-a	-e	-i	-o	-u	Kon.
c	[ka]	[se]	[si]	[ko]	[ky]	[k...]
ç	[sa]			[so]	[sy]	
qu		[ke]	[ki]			
ch	[ʃa]	[ʃe]	[ʃi]	[ʃo]	[ʃy]	[k...]

g [g] Es wird vor -a, -o, -u und vor Konsonant wie -g ausgesprochen.

- **g**arçon
- **g**rossir

[ʒ] Es wird vor -e und -i wie stimmhaftes -sch ausgesprochen.

- nei**g**er
- **g**ifler

Soll es vor -a, -o, -u wie stimmhaftes -sch ausgesprochen werden, so muß nach dem -g ein -e eingefügt werden.

- man**ge**ât
- man**ge**ons

Soll es vor -e und -i wie -g ausgesprochen werden, so muß nach dem -g ein -u eingefügt werden.

- **gu**erre
- **gu**illemets

	-a	-e	-i	-o	-u	Kon.
g	[ga]	[ʒe]	[ʒi]	[go]	[gy]	[g...]
ge	[ʒa]			[ʒo]	[ʒy]	
gu		[ge]	[gi]			

gn	[ɲ]	Kurzer, zweisilbig gesprochener Laut aus -n und -j.	• bai**gn**er • ga**gn**er
j	[ʒ]	Stimmhaftes -sch.	• **j**our • **j**e
h	[-]	Außer beim -h aspiré (angehaucht gesprochenes -h) bleibt es meist stumm (unausgesprochen).	• **h**aut • **h**eure • **h**iver
ph	[f]	Stimmloses -f.	• **ph**armacie • **ph**oto
qu	[k]	Stimmloses -k.	• **qu**e • **qu**and
s	[s]	Stimmloses -s, vor allem am Wortanfang, bei Verdoppelung und vor Konsonant.	• **s**ection • ta**ss**e • ma**s**tic
	[z]	Stimmhaftes -s, vor allem vor Vokal.	• mai**s**on • ro**s**e
	[-]	Das Plural-s bleibt, außer bei der liaison unausgesprochen.	• maison**s** • tasse**s**
v	[w]	Es wird wie das deutsche -w ausgesprochen.	• **v**endredi • **v**ent
x	[gs] [ks]	Es wird wie -gs bzw. -ks ausgesprochen.	• e**x**amen • e**x**cepter
	[-]	Das Plural-x bleibt, außer bei der liaison, unausgesprochen.	• bureau**x** • tableau**x**

y	[i]	Langes, geschlossenes -i.	• m**y**stique • st**y**le
	[j]	Am Wortanfang wird es wie -j ausgesprochen.	• **y**eux • **y**ougoslave
z	[z]	Stimmhaftes -s am Wortanfang.	• **z**éro • **z**ut
	[-]	Am Wortende bleibt es, außer bei liaison, unausgesprochen.	• che**z** • ne**z**

Das folgende Schaubild stellt die Aussprache der Konsonanten und ihre möglichen Schreibweisen im Überblick dar. In der obersten Zeile der Tabelle sind die Laute, in der ersten Spalte sind die möglichen Schreibweisen aufgeführt. Verwandte Laute sind in einer Spalte zusammengefaßt.

	[k]	[s]	[ʃ] [ʒ]	[g]	[f]
c	**c**almer	**c**iel			
ç		re**ç**u			
ch	**Ch**rist		**ch**ambre		
f					**f**inir
g			**g**ifler	**g**arçon	
gu				**gu**erre	
j			**j**our		
ph					**ph**oto
qu	**qu**itter				
s		**s**ec			

Die Bindung (la liaison)

Ein wichtiges Merkmal der französischen Sprache ist die sogenannte Bindung, d. h. ein normalerweise stummer Endkonsonant wird dann ausgesprochen, wenn das folgende Wort mit einem Vokal oder stummem (unausgesprochenem) -h beginnt.
Die unten aufgeführten Wörter werden durch Bindung an ein folgendes Wort angeschlossen.

Artikel

Bindung erfolgt beim bestimmten Artikel im Plural und beim unbestimmten männlichen Artikel.

- le**s**‿amis
- u**n**‿ami

Adjektive und Adverbien

Adjektive werden an folgende Substantive gebunden. Nasale Endungen werden dabei meist entnasaliert.
Die Bindung ist unerläßlich bei den Adverbien **bien, moins, plus, tout** und **très.**

- un gran**d**‿homme
- un cert**ain**‿homme
- bie**n**‿agréable

Pronomen

Die Bindung erfolgt beim unbetonten Personalpronomen, den Possessiv- und Demonstrativpronomen, bei **c'est** sowie beim Pronominaladverb **en**.
Dies gilt auch, wenn das Pronomen hinter das Verb tritt.

- nou**s**‿écoutons
- il le**s**‿a vus
- so**n**‿ami
- ce**s**‿arbres
- c'es**t**‿incroyable
- j'e**n**‿ai marre
- que di**t**-il?

Zahlwörter

Zahlwörter (außer **un** und **onze**) werden durch Bindung an das folgende Wort angeschlossen.

- u**n**‿enfant
- deu**x**‿élèves

Präpositionen

Die Bindung erfolgt bei einigen, besonders einsilbigen Präpositionen.

- che**z**‿elle
- e**n**‿été

Bei den folgenden Wörtern bzw. Wortgruppen erfolgt keine Bindung.

„Groupes rythmiques"

Der Endkonsonant des ersten Teils einer sogenannten „groupe rythmique" wird nicht durch Bindung an den zweiten Teil der „groupe rythmique" angeschlossen.

- maintenan**t**⌒il part
- maintenan**t**⌒elle est arrivée

Substantive

Substantive, die Subjekt sind, werden nicht durch Bindung mit einem folgenden Verb verbunden.
Die Bindung unterbleibt auch bei Substantiven im Singular, auf die ein Adjektiv folgt.

- les ami**s**⌒arrivent
- les ami**s**⌒ont droit
- ca**s**⌒intéressant
- enfan**t**⌒appliqué

Der Endkonsonant eines Substantivs wird innerhalb zusammengesetzter Substantive nicht ausgesprochen.

- arc**s**⌒-en-ciel
- brosse**s**⌒-à-dents
- nor**d**⌒-africain

Die Zahlwörter un und onze

Der Endkonsonant eines Wortes wird nicht ausgesprochen, wenn **un** oder **onze** folgen.

- **sur** les⌒onze heures
- ver**s**⌒une heure

Die Konjunktion et

Et wird nicht durch Bindung mit einem folgenden Wort verbunden.

- e**t**⌒il dit
- e**t**⌒elle est partie

Das Adverb oui

Der Endkonsonant eines Wortes wird nicht ausgesprochen, wenn **oui** folgt.

- mai**s**⌒oui
- e**t**⌒oui

-h aspiré

Der Endkonsonant eines Wortes wird nicht ausgesprochen, wenn ein Wort folgt, das mit -h aspiré (angehaucht gesprochenes -h) beginnt.

- le**s**⌒héros
- le**s**⌒haillons

Verbformen und Verbarten (les verbes et leurs formes)

Das Verb ist ein unentbehrlicher Teil eines Satzes. Es drückt einen Zustand oder Vorgang, eine Tätigkeit oder Handlung aus (Zeitwort, Tätigkeitswort, Tunwort).

Finite Verbformen (les formes conjuguées)

Finite Verbformen sind konjugierte Verbformen, sie ändern ihre Form nach Person (1., 2., 3. Person etc.), Zahl (Singular oder Plural), Zeit (Präsens, Futur etc.) und Modus (Indikativ, Konjunktiv etc.).

- J'**achète** un livre.
  (indicatif présent, 1. Person Singular)
- Tu **écris** une lettre.

Infinite Verbformen (les formes non conjuguées)

Infinite Verbformen sind nicht konjugierte Verbformen, sie beinhalten keine Personen- und Zeitangabe. Hierzu zählen der Infinitiv, die Partizipien und das gérondif.

- **acheter**
- **achetant**
- **acheté**
- **en achetant**

Die verschiedenen Verbarten, die im folgenden zunächst im Überblick dargestellt sind, werden in den entsprechenden Kapiteln ausführlich behandelt.

Transitive Verben (les verbes transitifs)

Transitive Verben sind Verben, die in Verbindung mit einem direkten oder indirekten Objekt stehen.

- J'**achète** *un livre.*
- Il **montre** la lettre *à son frère.*
- Sa destinée **dépend** *de ce juge.*

Intransitive Verben (les verbes intransitifs)

Intransitive Verben sind Verben, die ohne Objekt stehen.

- Je **suis** malade.
- Il **est venu** aujourd'hui.

Vollverben (les verbes)

Vollverben können das Prädikat alleine bilden.

- J'**achète** un livre.
- Tu **écris** une lettre.

Hilfsverben (les verbes auxiliaires)

Die Hilfsverben **avoir** und **être** dienen zur Bildung der zusammengesetzten Zeiten und des Passivs.

- J'**ai** *acheté* un livre.
- Je **suis** *parti* hier.
- La porte **est** *ouverte* par le concierge.

Modalverben (les verbes semi-auxiliaires)

Modalverben sind Verben, die den Inhalt eines anderen Verbs abwandeln. Ihnen folgt der Infinitiv eines anderen Verbs (ohne Präposition).

- Il **sait** très bien *parler* le français.
- Je **peux** *écrire* cette lettre.
- Je **dois** *faire* mes devoirs.

• **devoir**	(müssen, sollen)	• **oser**	(wagen)	• **savoir**	(wissen, können)
• **faire**	((veran)lassen)	• **paraître**	(scheinen)	• **sembler**	(scheinen)
• **laisser**	((zu)lassen)	• **pouvoir**	(können)	• **vouloir**	(wollen)

Reflexive Verben (les verbes réfléchis)

Reflexive Verben werden von einem Reflexivpronomen begleitet. Reflexivpronomen und Subjekt bezeichnen dieselbe Person.

- *Il* **se lave.**
  (**Il** und **se** bezeichnen dieselbe Person.)
- *Je* **me lève.**

Reziproke Verben (les verbes réciproques)

Reziproke Verben drücken die Gegenseitigkeit, Wechselbeziehung aus (einander, gegenseitig). Auch diese Verben werden von einem Reflexivpronomen begleitet.

- Marie et Pierre **se connaissent** depuis longtemps.
- Paul et Pierre **se voient** souvent.

Unpersönliche Verben (les verbes impersonnels)

Unpersönliche Verben werden nur in der 3. Person Singular verwendet und stehen immer mit dem unpersönlichen bzw. grammatischen Subjekt **il**.

- **Il fait** chaud.
- **Il faut** travailler avec soin.

Die Konjugation (la conjugaison)

Konjugation (Beugung) bedeutet Abwandlung des Infinitivs des Verbs (z. B. **aimer**) bezüglich Person und Zeit, d. h. der Verbstamm (le radical) des Verbs (z. B. **aim**) wird nicht verändert, während die Verbendung (la terminaison) bezüglich Person, Zeit und Modus entsprechend abgewandelt wird. Der Verbstamm wird ermittelt, indem man die zu einer Hauptgruppe gehörende Endung vom vollständigen Infinitiv abtrennt.

	Stamm	**Endung** (im présent)
j'	aim	***e***
tu	aim	***es***
il/elle/on	aim	***e***
nous	aim	***ons***
vous	aim	***ez***
ils/elles	aim	***ent***

Die Verben lassen sich in die Hauptgruppen von **avoir** und **être**,
der Verben auf **-ER**,
der Verben auf **-IR** mit, ohne Stammerweiterung,
der Verben auf **-RE** mit, ohne -d im Stamm und
der Verben auf **-OIR**
einteilen. Die Konjugation der einzelnen Hauptgruppen ist im folgenden anhand jeweils eines Beispielverbs dargestellt. Die einzelnen Untergruppen und ihre Besonderheiten sind in einer Zusammenfassung im Anschluß an die Hauptgruppen dargestellt.

Neben den charakteristischen Endungen der einzelnen Verbformen gibt es einige wichtige Ableitungsregeln, mit deren Hilfe ein Großteil der Formen gebildet werden kann.

Ableitung des imparfait

Der Verbstamm der 1. Person Plural des présent bildet den Verbstamm des imparfait, dessen Endungen nun an diesen Verbstamm angehängt werden.

imparfait

présent 1. Pers. Plur.: **craign** *ons* → **craign** *ais*, **craign***ais*, **craign***ait* ...

Ableitung des futur simple und des conditionnel présent

Die Endungen des futur simple bzw. conditionnel présent können direkt an den Infinitiv angehängt werden. Dabei entfällt die Endung **-e** des Infinitivs der Verben auf **-RE**.

infinitif: **craindr** *e* → futur simple: **craindr** *ai* ... → con. prés.: **craindr** *ais...*

Ableitung des subjonctif présent

Der Verbstamm der 3. Person Plural des présent bildet den Verbstamm des subjonctif présent, dessen charakteristische Endungen nun an diesen Verbstamm angehängt werden.

		subjonctif présent
présent 3. Pers. Plur.	**craign** *ent*	**craign** *e*, **craign***es*, **craign***e* ...

Ableitung des subjonctif imparfait

Bei der Bildung des subjonctif imparfait geht man von der 2. Person Singular des passé simple aus, das dann um die entsprechenden Endungen (**-se, -ses** etc.) erweitert wird.

		subjonctif imparfait
passé simple 2. Pers. Sing.	craign ***is***	craign ***isse***, craign***isses***, craign***ît*** ...

Ableitung des impératif présent

Die 2. Person Singular und die 1. und 2. Person Plural présent können meist im impératif présent übernommen werden. Bei den Verben auf **-ER** entfällt das **-s** der 2. Person Singular.

		impératif 2. Pers. Sing.	impératif 1. Pers. Plur.	impératif 2. Pers. Plur.
présent 2. Pers. Sing.	**aimes** **crains**	**aime** **crains**	**aimons** **craignons**	**aimez** **craignez**
présent 1. Pers. Plur.	**craignons**			
présent 2. Pers. Plur.	**craignez**			

Ableitung des participe présent und des gérondif

Der Verbstamm der 1. Person Plural des présent bildet den Verbstamm des participe présent und des gérondif, deren charakteristische Endung an diesen Verbstamm angehängt wird.

		participe présent, gérondif
présent 1. Pers. Plur.	**craign** *ons*	**craign** *ant*

Die Konjugation von **avoir** (haben)

Mod.	Zeit	1. Person Singular	2. Person Singular	3. Person Singular
Ind.	Prés.	j' **ai**	tu **as**	il **a**
	Impar.	j' av*ais*	tu av*ais*	il av*ait*
	P. S.	j' **eus**	tu **eus**	il **eut**
	P. C.	j' *ai* **eu**	tu *as* **eu**	il *a* **eu**
	P. P.	j' *avais* **eu**	tu *avais* **eu**	il *avait* **eu**
	P. A.	j' *eus* **eu**	tu *eus* **eu**	il *eut* **eu**
	F. S.	j' **aurai**	tu **auras**	il **aura**
	F. A.	j' *aurai* **eu**	tu *auras* **eu**	il *aura* **eu**
	F. P.	je *vais* av*oir*	tu *vas* av*oir*	il *va* av*oir*
Con.	Prés.	j' **aurais**	tu **aurais**	il **aurait**
	Pas.	j' *aurais* **eu**	tu *aurais* **eu**	il *aurait* **eu**
Sub.	Prés.	j' **aie**	tu **aies**	il **ait**
	Impar.	j' **eusse**	tu **eusses**	il **eût**
	Pas.	j' *aie* **eu**	tu *aies* **eu**	il *ait* **eu**
	P. P.	j' *eusse* **eu**	tu *eusses* **eu**	il *eût* **eu**
Imp.	Prés.		**aie**	
	Pas.		*aie* **eu**	
Inf.	Prés.	av*oir*		
	Pas.	*avoir* **eu**		
Part.	Prés.	**ayant**		
	Pas.	**eu**		
		ayant **eu**		
Gér.		en **ayant**		

1. Person Plural	2. Person Plural	3. Person Plural
n. av*ons*	v. av*ez*	ils **ont**
n. av*ions*	v. av*iez*	ils av*aient*
n. **eûmes**	v. **eûtes**	ils **eurent**
n. *avons* **eu**	v. *avez* **eu**	ils *ont* **eu**
n. *avions* **eu**	v. *aviez* **eu**	ils *avaient* **eu**
n. *eûmes* **eu**	v. *eûtes* **eu**	ils *eurent* **eu**
n. **aurons**	v. **aurez**	ils **auront**
n. *aurons* **eu**	v. *aurez* **eu**	ils *auront* **eu**
n. *allons* av*oir*	v. *allez* av*oir*	ils *vont* av*oir*
n. **aurions**	v. **auriez**	ils **auraient**
n. *aurions* **eu**	v. *auriez* **eu**	ils *auraient* **eu**
n. **ayons**	v. **ayez**	ils **aient**
n. **eussions**	v. **eussiez**	ils **eussent**
n. *ayons* **eu**	v. *ayez* **eu**	ils *aient* **eu**
n. *eussions* **eu**	v. *eussiez* **eu**	ils *eussent* **eu**
ayons	**ayez**	
ayons **eu**	*ayez* **eu**	

Die Konjugation von **être** (sein)

Mod.	Zeit	1. Person Singular	2. Person Singular	3. Person Singular
Ind.	Prés.	je **suis**	tu **es**	il **est**
	Impar.	j' **étais**	tu **étais**	il **était**
	P. S.	je **fus**	tu **fus**	il **fut**
	P. C.	j' *ai* **été**	tu *as* **été**	il *a* **été**
	P. P.	j' *avais* **été**	tu *avais* **été**	il *avait* **été**
	P. A.	j' *eus* **été**	tu *eus* **été**	il *eut* **été**
	F. S.	je **serai**	tu **seras**	il **sera**
	F. A.	j' *aurai* **été**	tu *auras* **été**	il *aura* **été**
	F. P.	je *vais* êt*re*	tu *vas* êt*re*	il *va* êt*re*
Con.	Prés.	je **serais**	tu **serais**	il **serait**
	Pas.	j' *aurais* **été**	tu *aurais* **été**	il *aurait* **été**
Sub.	Prés.	je **sois**	tu **sois**	il **soit**
	Impar.	je **fusse**	tu **fusses**	il **fût**
	Pas.	j' *aie* **été**	tu *aies* **été**	il *ait* **été**
	P. P.	j' *eusse* **été**	tu *eusses* **été**	il *eût* **été**
Imp.	Prés.		**sois**	
	Pas.		*aie* **été**	
Inf.	Prés.	êt*re*		
	Pas.	*avoir* **été**		
Part.	Prés.	**étant**		
	Pas.	**été**		
		ayant **été**		
Gér.		en **étant**		

1. Person Plural	2. Person Plural	3. Person Plural
n. **sommes**	v. **êtes**	ils **sont**
n. **étions**	v. **étiez**	ils **étaient**
n. **fûmes**	v. **fûtes**	ils **furent**
n. *avons* **été**	v. *avez* **été**	ils *ont* **été**
n. *avions* **été**	v. *aviez* **été**	ils *avaient* **été**
n. *eûmes* **été**	v. *eûtes* **été**	ils *eurent* **été**
n. **serons**	v. **serez**	ils **seront**
n. *aurons* **été**	v. *aurez* **été**	ils *auront* **été**
n. *allons* être	v. *allez* être	ils *vont* être
n. **serions**	v. **seriez**	ils **seraient**
n. *aurions* **été**	v. *auriez* **été**	ils *auraient* **été**
n. **soyons**	v. **soyez**	ils **soient**
n. **fussions**	v. **fussiez**	ils **fussent**
n. *ayons* **été**	v. *ayez* **été**	ils *aient* **été**
n. *eussions* **été**	v. *eussiez* **été**	ils *eussent* **été**
soyons	**soyez**	
ayons **été**	*ayez* **été**	

DAS VERB

Übersicht über die Endungen der Verben auf -ER, -IR, -RE

Mod.	Zeit	1. Person Singular			2. Person Singular			3. Person Singular		
Ind.	Prés.	-e	-is	-s	-es	-is	-s	-e	-it	-t
	Impar.	-ais	-issais	-ais	-ais	-issais	-ais	-ait	-issait	-ait
	P. S.	-ai	-is	-is	-as	-is	-is	-a	-it	-it
	P. C.	-é	-i	-u	-é	-i	-u	-é	-i	-u
	P. P.	-é	-i	-u	-é	-i	-u	-é	-i	-u
	P. A.	-é	-i	-u	-é	-i	-u	-é	-i	-u
	F. S.	-erai	-irai	-rai	-eras	-iras	-ras	-era	-ira	-ra
	F. A.	-é	-i	-u	-é	-i	-u	-é	-i	-u
	F. P.	-er	-ir	-re	-er	-ir	-re	-er	-ir	re
Con.	Prés.	-erais	-irais	-rais	-erais	-irais	-rais	-erait	-irait	-rait
	Pas.	-é	-i	-u	-é	-i	-u	-é	-i	-u
Sub.	Prés.	-e	-isse	-e	-es	-isses	-es	-e	-isse	-e
	Impar.	-asse	-isse	-isse	-asses	-isses	-isses	ât	ît	-ît
	Pas.	-é	-i	-u	-é	-i	-u	é	i	-u
	P. P.	-é	-i	-u	-é	-i	-u	é	i	-u
Imp.	Prés.				-e	-is	-s			
	Pas.				-é	-i	-u			
Inf.	Prés.	-er	-ir	-re						
	Pas.	-é	-i	-u						
Part.	Prés.	-ant	issant	-ant						
	Pas.	-é	-i	-u						
		-é	-i	-u						
Gér.		-ant	-issant	-ant						

Diese Übersicht stellt die Endungen der 3 Hauptgruppen **-ER, -IR** (mit Stammerweiterung) und dungen der Hauptgruppe -**ER** dar, die jeweils 2. (hellgrau unterlegte) Spalte stellt die Endungen Hauptgruppe **-RE** dar. Die Endungen der Hauptgruppe **-OIR** sind hier nicht aufgeführt, da deren sammengesetzten Zeiten wurden aus Gründen der Übersichtlichkeit weggelassen.

1. Person Plural			2. Person Plural			3. Person Plural		
-ons	-issons	-ons	-ez	-issez	-ez	-ent	-issent	-ent
-ions	-issions	-ions	-iez	-issiez	-iez	-aient	-issaient	-aient
-âmes	-îmes	-îmes	-âtes	-îtes	-îtes	-èrent	-irent	-irent
-é	-i	-u	-é	-i	-u	-é	-i	-u
-é	-i	-u	-é	-i	-u	-é	-i	-u
-é	-i	-u	-é	-i	-u	-é	-i	-u
-erons	-irons	-rons	-erez	-irez	-rez	-eront	-iront	-ront
-é	-i	-u	-é	-i	-u	-é	-i	-u
-er	-ir	-re	-er	-ir	-re	-er	-ir	-re
-erions	-irions	-rions	-eriez	-iriez	-riez	-eraient	-iraient	-raient
-é	-i	-u	-é	-i	-u	-é	-i	-u
-ions	-issions	-ions	-iez	-issiez	-iez	-ent	-issent	-ent
-assions	-issions	-issions	-assiez	-issiez	-issiez	-assent	-issent	-issent
-é	-i	-u	-é	-i	-u	-é	-i	-u
-é	-i	-u	-é	-i	-u	-é	-i	-u
-ons	-issons	-ons	-ez	-issez	-ez			
-é	-i	-u	-é	-i	-u			

-RE (ohne **-d** in der Stammsilbe) dar. Dabei stellt die jeweils 1. (weiß unterlegte) Spalte die En-
der Hauptgruppe **-IR** und die jeweils 3. (dunkelgrau unterlegte) Spalte stellt die Endungen der
Verben unregelmäßig sind. Die Personalpronomen und die Hilfsverben **avoir** bzw. **être** in den zu-

DAS VERB

Die Konjugation der Verben auf -ER

Mod.	Zeit	1. Person Singular	2. Person Singular	3. Person Singular
Ind.	Prés.	j' aim***e***	tu aim***es***	il aim***e***
	Impar.	j' aim***ais***	tu aim***ais***	il aim***ait***
	P. S.	j' aim***ai***	tu aim***as***	il aim***a***
	P. C.	j' *ai* aim***é***	tu *as* aim***é***	il *a* aim***é***
	P. P.	j' *avais* aim***é***	tu *avais* aim***é***	il *avait* aim***é***
	P. A.	j' *eus* aim***é***	tu *eus* aim***é***	il *eut* aim***é***
	F. S.	j' aim***erai***	tu aim***eras***	il aim***era***
	F. A.	j' *aurai* aim***é***	tu *auras* aim***é***	il *aura* aim***é***
	F. P.	je *vais* aim***er***	tu *vas* aim***er***	il *va* aim***er***
Con.	Prés.	j' aim***erais***	tu aim***erais***	il aim***erait***
	Pas.	j' *aurais* aim***é***	tu *aurais* aim***é***	il *aurait* aim***é***
Sub.	Prés.	j' aim***e***	tu aim***es***	il aim***e***
	Impar.	j' aim***asse***	tu aim***asses***	il aim***ât***
	Pas.	j' *aie* aim***é***	tu *aies* aim***é***	il *ait* aim***é***
	P. P.	j' *eusse* aim***é***	tu *eusses* aim***é***	il *eût* aim***é***
Imp.	Prés.		aim***e***	
	Pas.		*aie* aim***é***	
Inf.	Prés.	aim***er***		
	Pas.	*avoir* aim***é***		
Part.	Prés.	aim***ant***		
	Pas.	aim***é***		
		ayant aim***é***		
Gér.		en aim***ant***		

1. Person Plural	2. Person Plural	3. Person Plural
n. aim***ons***	v. aim***ez***	ils aim***ent***
n. aim***ions***	v. aim***iez***	ils aim***aient***
n. aim***âmes***	v. aim***âtes***	ils aim***èrent***
n. *avons* aim***é***	v. *avez* aim***é***	ils *ont* aim***é***
n. *avions* aim***é***	v. *aviez* aim***é***	ils *avaient* aim***é***
n. *eûmes* aim***é***	v. *eûtes* aim***é***	ils *eurent* aim***é***
n. aim***erons***	v. aim***erez***	ils aim***eront***
n. *aurons* aim***é***	v. *aurez* aim***é***	ils *auront* aim***é***
n. *allons* aim***er***	v. *allez* aim***er***	ils *vont* aim***er***
n. aim***erions***	v. aim***eriez***	ils aim***eraient***
n. *aurions* aim***é***	v. *auriez* aim***é***	ils *auraient* aim***é***
n. aim***ions***	v. aim***iez***	ils aim***ent***
n. aim***assions***	v. aim***assiez***	ils aim***assent***
n. *ayons* aim***é***	v. *ayez* aim***é***	ils *aient* aim***é***
n. *eussions* aim***é***	v. *eussiez* aim***é***	ils *eussent* aim***é***
aim***ons***	aim***ez***	
ayons aim***é***	*ayez* aim***é***	

Mod.	Zeit	1. Person Singular	2. Person Singular	3. Person Singular
Ind.	Prés.	j' arriv***e***	tu arriv***es***	il, (elle) arriv***e***
	Impar.	j' arriv***ais***	tu arriv***ais***	il, (elle) arriv***ait***
	P. S.	j' arriv***ai***	tu arriv***as***	il, (elle) arriv***a***
	P. C.	je *suis* arriv***é(e)***	tu *es* arriv***é(e)***	il, (elle) *est* arriv***é(e)***
	P. P.	j' *étais* arriv***é(e)***	tu *étais* arriv***é(e)***	il, (elle) *était* arriv***é(e)***
	P. A.	je *fus* arriv***é(e)***	tu *fus* arriv***é(e)***	il, (elle) *fut* arriv***é(e)***
	F. S.	j' arriv***erai***	tu arriv***eras***	il, (elle) arriv***era***
	F. A.	je *serai* arriv***é(e)***	tu *seras* arriv***é(e)***	il, (elle) *sera* arriv***é(e)***
	F. P.	je *vais* arriv***er***	tu *vas* arriv***er***	il, (elle) *va* arriv***er***
Con.	Prés.	j' arriv***erais***	tu arriv***erais***	il, (elle) arriv***erait***
	Pas.	je *serais* arriv***é(e)***	tu *serais* arriv***é(e)***	il, (elle) *serait* arriv***é(e)***
Sub.	Prés.	j' arriv***e***	tu arriv***es***	il, (elle) arriv***e***
	Impar.	j' arriv***asse***	tu arriv***asses***	il, (elle) arriv***ât***
	Pas.	je *sois* arriv***é(e)***	tu *sois* arriv***é(e)***	il, (elle) *soit* arriv***é(e)***
	P. P.	je *fusse* arriv***é(e)***	tu *fusses* arriv***é(e)***	il, (elle) *fût* arriv***é(e)***
Imp.	Prés.		arriv***e***	
	Pas.		*sois* arriv***é(e)***	
Inf.	Prés.	arriv***er***		
	Pas.	*être* arriv***é***		
Part.	Prés.	arriv***ant***		
	Pas.	arriv***é***		
		étant arriv***é***		
Gér.		en arriv***ant***		

Das participe passé richtet sich bei allen mit **être** zu konjugierenden Verben in Geschlecht das participe passé unverändert, bei einem weiblichen Subjekt erhält das participe passé ein **-s**, bei mehreren weiblichen Subjekten **-es**. Bei männlichen und weiblichen Subjekten erhält Subjekten ist. Dies ist hier durch **-(e), -(e)s** gekennzeichnet.

1. Person Plural			2. Person Plural			3. Person Plural		
n.		arriv***ons***	v.		arriv***ez***	ils, (elles)		arriv***ent***
n.		arriv***ions***	v.		arriv***iez***	ils, (elles)		arriv***aient***
n.		arriv***âmes***	v.		arriv***âtes***	ils, (elles)		arriv***èrent***
n.	*sommes*	arriv***é(e)s***	v.	*êtes*	arriv***é(e)s***	ils, (elles)	*sont*	arriv***é(e)s***
n.	*étions*	arriv***é(e)s***	v.	*étiez*	arriv***é(e)s***	ils, (elles)	*étaient*	arriv***é(e)s***
n.	*fûmes*	arriv***é(e)s***	v.	*fûtes*	arriv***é(e)s***	ils, (elles)	*furent*	arriv***é(e)s***
n.		arriv***erons***	v.		arriv***erez***	ils, (elles)		arriv***eront***
n.	*serons*	arriv***é(e)s***	v.	*serez*	arriv***é(e)s***	ils, (elles)	*seront*	arriv***é(e)s***
n.	*allons*	arriv***er***	v.	*allez*	arriv***er***	ils, (elles)	*vont*	arriv***er***
n.		arriv***erions***	v.		arriv***eriez***	ils, (elles)		arriv***eraient***
n.	*serions*	arriv***é(e)s***	v.	*seriez*	arriv***é(e)s***	ils, (elles)	*seraient*	arriv***é(e)s***
n.		arriv***ions***	v.		arriv***iez***	ils, (elles)		arriv***ent***
n.		arriv***assions***	v.		arriv***assiez***	ils, (elles)		arriv***assent***
n.	*soyons*	arriv***é(e)s***	v.	*soyez*	arriv***é(e)s***	ils, (elles)	*soient*	arriv***é(e)s***
n.	*fussions*	arriv***é(e)s***	v.	*fussiez*	arriv***é(e)s***	ils, (elles)	*fussent*	arriv***é(e)s***
		arriv***ons***			arriv***ez***			
	soyons	arriv***é(e)s***		*soyez*	arriv***é(e)s***			

und Zahl nach dem Subjekt, d. h. bei einem männlichen Subjekt (1. - 3. Person Singular) bleibt ein **-e**. Bei mehreren männlichen Subjekten (1. - 3. Person Plural) erhält das participe passé das participe passé nur ein **-s,** selbst wenn nur ein männliches unter mehreren weiblichen

Die Konjugation der Verben auf -IR mit Stammerweiterung

Mod.	Zeit	1. Person Singular			2. Person Singular			3. Person Singular		
Ind.	Prés.	je		fin***is***	tu		fin***is***	il		fin***it***
	Impar.	je		fin**iss*ais***	tu		fin**iss*ais***	il		fin**iss*ait***
	P. S.	je		fin***is***	tu		fin***is***	il		fin***it***
	P. C.	j'	*ai*	fin***i***	tu	*as*	fin***i***	il	*a*	fin***i***
	P. P.	j'	*avais*	fin***i***	tu	*avais*	fin***i***	il	*avait*	fin***i***
	P. A.	j'	*eus*	fin***i***	tu	*eus*	fin***i***	il	*eut*	fin***i***
	F. S.	je		fin***irai***	tu		fin***iras***	il		fin***ira***
	F. A.	j'	*aurai*	fin***i***	tu	*auras*	fin***i***	il	*aura*	fin***i***
	F. P.	je	*vais*	fin***ir***	tu	*vas*	fin***ir***	il	*va*	fin***ir***
Con.	Prés.	je		fin***irais***	tu		fin***irais***	il		fin***irait***
	Pas.	j'	*aurais*	fin***i***	tu	*aurais*	fin***i***	il	*aurait*	fin***i***
Sub.	Prés.	je		fin**iss*e***	tu		fin**iss*es***	il		fin**iss*e***
	Impar.	je		fin***isse***	tu		fin***isses***	il		fin***ît***
	Pas.	j'	*aie*	fin***i***	tu	*aies*	fin***i***	il	*ait*	fin***i***
	P. P.	j'	*eusse*	fin***i***	tu	*eusses*	fin***i***	il	*eût*	fin***i***
Imp.	Prés.						fin***is***			
	Pas.					*aie*	fin***i***			
Inf.	Prés.			fin***ir***						
	Pas.		*avoir*	fin***i***						
Part.	Prés.			fin**iss*ant***						
	Pas.			fin***i***						
			ayant	fin***i***						
Gér.			en	fin**iss*ant***						

In einigen Verbformen wird der Verbstamm um **-iss** erweitert. Dies gilt für zahlreiche Verben auf **-ir**.

1. Person Plural	2. Person Plural	3. Person Plural
n. fin**iss*ons***	v. fin**iss*ez***	ils fin**iss*ent***
n. fin**iss*ions***	v. fin**iss*iez***	ils fin**iss*aient***
n. fin***îmes***	v. fin***îtes***	ils fin***irent***
n. *avons* fin***i***	v. *avez* fin***i***	ils *ont* fin***i***
n. *avions* fin***i***	v. *aviez* fin***i***	ils *avaient* fin***i***
n. *eûmes* fin***i***	v. *eûtes* fin***i***	ils *eurent* fin***i***
n. fin***irons***	v. fin***irez***	ils fin***iront***
n. *aurons* fin***i***	v. *aurez* fin***i***	ils *auront* fin***i***
n. *allons* fin***ir***	v. *allez* fin***ir***	ils *vont* fin***ir***
n. fin***irions***	v. fin***iriez***	ils fin***iraient***
n. *aurions* fin***i***	v. *auriez* fin***i***	ils *auraient* fin***i***
n. fin**issions**	v. fin**iss*iez***	ils fin**iss*ent***
n. fin***issions***	v. fin***issiez***	ils fin***issent***
n. *ayons* fin***i***	v. *ayez* fin***i***	ils *aient* fin***i***
n. *eussions* fin***i***	v. *eussiez* fin***i***	ils *eussent* fin***i***
fin**iss*ons***	fin**iss*ez***	
ayons fin***i***	*ayez* fin***i***	

Andere Verben auf **-ir** werden, wie nachfolgend dargestellt, ohne Stammerweiterung gebildet.

Die Konjugation der Verben auf -IR ohne Stammerweiterung

Mod.	Zeit	1. Person Singular	2. Person Singular	3. Person Singular
Ind.	Prés.	je **dors**	tu **dors**	il dor***t***
	Impar.	je dorm***ais***	tu dorm***ais***	il dorm***ait***
	P. S.	je dorm***is***	tu dorm***is***	il dorm***it***
	P. C.	j' *ai* dorm***i***	tu *as* dorm***i***	il *a* dorm***i***
	P. P.	j' *avais* dorm***i***	tu *avais* dorm***i***	il *avait* dorm***i***
	P. A.	j' *eus* dorm***i***	tu *eus* dorm***i***	il *eut* dorm***i***
	F. S.	je dorm***irai***	tu dorm***iras***	il dorm***ira***
	F. A.	j' *aurai* dorm***i***	tu *auras* dorm***i***	il *aura* dorm***i***
	F. P.	je *vais* dorm***ir***	tu *vas* dorm***ir***	il *va* dorm***ir***
Con.	Prés.	je dorm***irais***	tu dorm***irais***	il dorm***irait***
	Pas.	j' *aurais* dorm***i***	tu *aurais* dorm***i***	il *aurait* dorm***i***
Sub.	Prés.	je dorm***e***	tu dorm***es***	il dorm***e***
	Impar.	je dorm***isse***	tu dorm***isses***	il dorm***ît***
	Pas.	j' *aie* dorm***i***	tu *aies* dorm***i***	il *ait* dorm***i***
	P. P.	j' *eusse* dorm***i***	tu *eusses* dorm***i***	il *eût* dorm***i***
Imp.	Prés.		**dors**	
	Pas.		*aie* dorm***i***	
Inf.	Prés.	dorm***ir***		
	Pas.	*avoir* dorm***i***		
Part.	Prés.	dorm***ant***		
	Pas.	dorm***i***		
		ayant dorm***i***		
Gér.		en dorm***ant***		

Ebenso konjugiert werden die meisten Verben auf **-artir, -entir, -ervir, -ormir** und **-ortir**.

1. Person Plural	2. Person Plural	3. Person Plural
n. dorm***ons***	v. dorm***ez***	ils dorm***ent***
n. dorm***ions***	v. dorm***iez***	ils dorm***aient***
n. dorm***îmes***	v. dorm***îtes***	ils dorm***irent***
n. *avons* dorm***i***	v. *avez* dorm***i***	ils *ont* dorm***i***
n. *avions* dorm***i***	v. *aviez* dorm***i***	ils *avaient* dorm***i***
n. *eûmes* dorm***i***	v. *eûtes* dorm***i***	ils *eurent* dorm***i***
n. dorm***irons***	v. dorm***irez***	ils dorm***iront***
n. *aurons* dorm***i***	v. *aurez* dorm***i***	ils *auront* dorm***i***
n. *allons* dorm***ir***	v. *allez* dorm***ir***	ils *vont* dorm***ir***
n. dorm***irions***	v. dorm***iriez***	ils dorm***iraient***
n. *aurions* dorm***i***	v. *auriez* dorm***i***	ils *auraient* dorm***i***
n. dorm***ions***	v. dorm***iez***	ils dorm***ent***
n. dorm***issions***	v. dorm***issiez***	ils dorm***issent***
n. *ayons* dorm***i***	v. *ayez* dorm***i***	ils *aient* dorm***i***
n. *eussions* dorm***i***	v. *eussiez* dorm***i***	ils *eussent* dorm***i***
dorm***ons***	dorm***ez***	
ayons dorm***i***	*ayez* dorm***i***	

Die Konjugation der Verben auf -RE

Mod.	Zeit	1. Person Singular	2. Person Singular	3. Person Singular
Ind.	Prés.	je romp***s***	tu romp***s***	il romp***t***
	Impar.	je romp***ais***	tu romp***ais***	il romp***ait***
	P. S.	je romp***is***	tu romp***is***	il romp***it***
	P. C.	j' *ai* romp***u***	tu *as* romp***u***	il *a* romp***u***
	P. P.	j' *avais* romp***u***	tu *avais* romp***u***	il *avait* romp***u***
	P. A.	j' *eus* romp***u***	tu *eus* romp***u***	il *eut* romp***u***
	F. S.	je romp***rai***	tu romp***ras***	il romp***ra***
	F. A.	j' *aurai* romp***u***	tu *auras* romp***u***	il *aura* romp***u***
	F. P.	je *vais* romp***re***	tu *vas* romp***re***	il *va* romp***re***
Con.	Prés.	je romp***rais***	tu romp***rais***	il romp***rait***
	Pas.	j' *aurais* romp***u***	tu *aurais* romp***u***	il *aurait* romp***u***
Sub.	Prés.	je romp***e***	tu romp***es***	il romp***e***
	Impar.	je romp***isse***	tu romp***isses***	il romp***ît***
	Pas.	j' *aie* romp***u***	tu *aies* romp***u***	il *ait* romp***u***
	P. P.	j' *eusse* romp***u***	tu *eusses* romp***u***	il *eût* romp***u***
Imp.	Prés.		romp***s***	
	Pas.		*aie* romp***u***	
Inf.	Prés.	romp***re***		
	Pas.	*avoir* romp***u***		
Part.	Prés.	romp***ant***		
	Pas.	romp***u***		
		ayant romp***u***		
Gér.		en romp***ant***		

1. Person Plural	2. Person Plural	3. Person Plural
n. romp***ons***	v. romp***ez***	ils romp***ent***
n. romp***ions***	v. romp***iez***	ils romp***aient***
n. romp***îmes***	v. romp***îtes***	ils romp***irent***
n. *avons* romp***u***	v. *avez* romp***u***	ils *ont* romp***u***
n. *avions* romp***u***	v. *aviez* romp***u***	ils *avaient* romp***u***
n. *eûmes* romp***u***	v. *eûtes* romp***u***	ils *eurent* romp***u***
n. romp***rons***	v. romp***rez***	ils romp***ront***
n. *aurons* romp***u***	v. *aurez* romp***u***	ils *auront* romp***u***
n. *allons* romp***re***	v. *allez* romp***re***	ils *vont* romp***re***
n. romp***rions***	v. romp***riez***	ils romp***raient***
n. *aurions* romp***u***	v. *auriez* romp***u***	ils *auraient* romp***u***
n. romp***ions***	v. romp***iez***	ils romp***ent***
n. romp***issions***	v. romp***issiez***	ils romp***issent***
n. *ayons* romp***u***	v. *ayez* romp***u***	ils *aient* romp***u***
n. *eussions* romp***u***	v. *eussiez* romp***u***	ils *eussent* romp***u***
romp***ons***	romp***ez***	
ayons romp***u***	*ayez* romp***u***	

Die Konjugation der Verben auf -RE mit -d in der Stammsilbe

Mod.	Zeit	1. Person Singular	2. Person Singular	3. Person Singular
Ind.	Prés.	je rend*s*	tu rend*s*	il **rend**
	Impar.	je rend*ais*	tu rend*ais*	il rend*ait*
	P. S.	je rend*is*	tu rend*is*	il rend*it*
	P. C.	j' *ai* rend*u*	tu *as* rend*u*	il *a* rend*u*
	P. P.	j' *avais* rend*u*	tu *avais* rend*u*	il *avait* rend*u*
	P. A.	j' *eus* rend*u*	tu *eus* rend*u*	il *eut* rend*u*
	F. S.	je rend*rai*	tu rend*ras*	il rend*ra*
	F. A.	j' *aurai* rend*u*	tu *auras* rend*u*	il *aura* rend*u*
	F. P.	je *vais* rend*re*	tu *vas* rend*re*	il *va* rend*re*
Con.	Prés.	je rend*rais*	tu rend*rais*	il rend*rait*
	Pas.	j' *aurais* rend*u*	tu *aurais* rend*u*	il *aurait* rend*u*
Sub.	Prés.	je rend*e*	tu rend*es*	il rend*e*
	Impar.	je rend*isse*	tu rend*isses*	il rend*ît*
	Pas.	j' *aie* rend*u*	tu *aies* rend*u*	il *ait* rend*u*
	P. P.	j' *eusse* rend*u*	tu *eusses* rend*u*	il *eût* rend*u*
Imp.	Prés.		rend*s*	
	Pas.		*aie* rend*u*	
Inf.	Prés.	rend*re*		
	Pas.	*avoir* rend*u*		
Part.	Prés.	rend*ant*		
	Pas.	rend*u*		
		ayant rend*u*		
Gér.		en rend*ant*		

Ebenso konjugiert werden die Verben auf **-andre, -erdre, -ondre, -ordre** und **-endre** außer **pren**
Zusammenfassung der wichtigsten unregelmäßigen Verben aufgeführt sind.

1. Person Plural	2. Person Plural	3. Person Plural
n. rend*ons*	v. rend*ez*	ils rend*ent*
n. rend*ions*	v. rend*iez*	ils rend*aient*
n. rend*îmes*	v. rend*îtes*	ils rend*irent*
n. *avons* rend*u*	v. *avez* rend*u*	ils *ont* rend*u*
n. *avions* rend*u*	v. *aviez* rend*u*	ils *avaient* rend*u*
n. *eûmes* rend*u*	v. *eûtes* rend*u*	ils *eurent* rend*u*
n. rend*rons*	v. rend*rez*	ils rend*ront*
n. *aurons* rend*u*	v. *aurez* rend*u*	ils *auront* rend*u*
n. *allons* rend*re*	v. *allez* rend*re*	ils *vont* rend*re*
n. rend*rions*	v. rend*riez*	ils rend*raient*
n. *aurions* rend*u*	v. *auriez* rend*u*	ils *auraient* rend*u*
n. rend*ions*	v. rend*iez*	ils rend*ent*
n. rend*issions*	v. rend*issiez*	ils rend*issent*
n. *ayons* rend*u*	v. *ayez* rend*u*	ils *aient* rend*u*
n. *eussions* rend*u*	v. *eussiez* rend*u*	ils *eussent* rend*u*
rend*ons*	rend*ez*	
ayons rend*u*	*ayez* rend*u*	

dre und seine Zusammensetzungen, die eine eigene Verbgruppe bilden und unter der folgenden

Die Konjugation der Verben auf -OIR

Mod.	Zeit	1. Person Singular	2. Person Singular	3. Person Singular
Ind.	Prés.	je **reçoi*s***	tu **reçoi*s***	il **reçoi*t***
	Impar.	je recev***ais***	tu recev***ais***	il recev***ait***
	P. S.	je **reç*us***	tu **reç*us***	il **reç*ut***
	P. C.	j' *ai* **reç*u***	tu *as* **reç*u***	il *a* **reç*u***
	P. P.	j' *avais* **reç*u***	tu *avais* **reç*u***	il *avait* **reç*u***
	P. A.	j' *eus* **reç*u***	tu *eus* **reç*u***	il *eut* **reç*u***
	F. S.	je recev***rai***	tu recev***ras***	il recev***ra***
	F. A.	j' *aurai* **reç*u***	tu *auras* **reç*u***	il *aura* **reç*u***
	F. P.	je *vais* recev***oir***	tu *vas* recev***oir***	il *va* recev***oir***
Con.	Prés.	je recev***rais***	tu recev***rais***	il recev***rait***
	Pas.	j' *aurais* **reç*u***	tu *aurais* **reç*u***	il *aurait* **reç*u***
Sub.	Prés.	je **reçoiv*e***	tu **reçoiv*es***	il **reçoiv*e***
	Impar.	je **reç*usse***	tu **reç*usses***	il **reç*ût***
	Pas.	j' *aie* **reç*u***	tu *aies* **reç*u***	il *ait* **reç*u***
	P. P.	j' *eusse* **reç*u***	tu *eusses* **reç*u***	il *eût* **reç*u***
Imp.	Prés.		**reçoi*s***	
	Pas.		*aie* **reç*u***	
Inf.	Prés.	recev***oir***		
	Pas.	*avoir* **reç*u***		
Part.	Prés.	recev***ant***		
	Pas.	**reç*u***		
		ayant **reç*u***		
Gér.		en recev***ant***		

1. Person Plural	2. Person Plural	3. Person Plural
n. recev***ons***	v. recev***ez***	ils **reçoiv*ent***
n. recev***ions***	v. recev***iez***	ils recev***aient***
n. **reç*ûmes***	v. **reç*ûtes***	ils **reç*urent***
n. *avons* **reçu**	v. *avez* **reçu**	ils *ont* **reçu**
n. *avions* **reçu**	v. *aviez* **reçu**	ils *avaient* **reçu**
n. *eûmes* **reçu**	v. *eûtes* **reçu**	ils *eurent* **reçu**
n. recev***rons***	v. recev***rez***	ils recev***ront***
n. *aurons* **reçu**	v. *aurez* **reçu**	ils *auront* **reçu**
n. *allons* recev***oir***	v. *allez* recev***oir***	ils *vont* recev***oir***
n. recev***rions***	v. recev***riez***	ils recev***raient***
n. *aurions* **reçu**	v. *auriez* **reçu**	ils *auraient* **reçu**
n. recev***ions***	v. recev***iez***	ils **reçoiv*ent***
n. **reç*ussions***	v. **reç*ussiez***	ils **reç*ussent***
n. *ayons* **reçu**	v. *ayez* **reçu**	ils *aient* **reçu**
n. *eussions* **reçu**	v. *eussiez* **reçu**	ils *eussent* **reçu**
recev***ons***	recev***ez***	
ayons **reçu**	*ayez* **reçu**	

DAS VERB

Die Verben auf -ER mit orthographischen Änderungen

Bei einigen Verbgruppen der Hauptgruppe **-ER** sind lediglich orthographische Änderungen zu be die erste regelmäßige Verbform dargestellt. Alle folgenden Verbformen sind ebenfalls regelmäßig unregelmäßig zu konjugieren sind etc. Verbformen, die eine Änderung in einer Zeit durch alle Per jeweils 1. Person Singular dargestellt. Alle Endungen sind kursiv, alle Besonderheiten sind fett ge

VG	Konjugationsmerkmal	Présent	Imparfait	Passé Simple
-cer	Vor allen Endungen, die mit -a, -o beginnen, wird das **-c** in **-ç** umgewandelt.	je plac*e* n. pla**ç***ons* v. plac*ez*	je pla**ç***ais* n. plac*ions* ils pla**ç***aient*	je pla**ç***ai* ils plac*èrent*
-ger	Vor allen Endungen, die mit -a, -o beginnen, wird nach dem **-g** ein **-e** eingefügt.	je mang*e* n. mang**e***ons* v. mang*ez*	je mang**e***ais* n. mang*ions* ils mang**e***aient*	je mang**e***ai* ils mang*èrent*
-ier	Vor allen Endungen, die mit -i beginnen, bleibt das **-i** des Verbstamms erhalten.	je cri*e*	je cri*ais* n. cri**i***ons* ils cri*aient*	je cri*ai*
-ébrer **-écher** **-éder** **-égler** **-égner** **-égrer** **-éguer** **-éler** **-éner** **-érer** **-éter** **-étrer**	Vor allen Endungen, die mit unausgesprochenem -e beginnen, bzw. in allen auf dem Verbstamm betonten Verbformen (1. - 3. Pers. Sing. und 3. Pers. Plur. prés., sub. prés. und imp. prés.) wird das **-é** des Verbstamms in **-è** umgewandelt.	j'esp**è**r*e* n. espér*ons* ils esp**è**r*ent*	j'espér*ais*	j'espér*ai*
-eler **-emer** **-ener** **-eser** **-eter** **-ever**	Vor allen Endungen, die mit unausgesprochenem -e beginnen, bzw. in allen auf dem Verbstamm betonten Verbformen (1. - 3. Pers. Sing. und 3. Pers. Plur. prés., sub. prés., imp. prés.) wird das **-e** des Verbstamms in **-è** umgewandelt. Dies gilt auch im f. s. und con. prés.	je p**è**s*e* n. pes*ons* ils p**è**s*ent*	je pes*ais*	je pes*ai*

achten. Werden mehrere Verbformen hintereinander z. B. regelmäßig konjugiert, ist stellvertretend zu konjugieren, solange bis eine unregelmäßige Verbform anzeigt, daß die folgenden Verbformen sonen hindurch aufweisen oder die durch alle Personen hindurch regelmäßig sind, sind nur in der druckt.

Futur Simple	Con. Prés.	Sub. Prés.	Sub. Impar.	Imp. Prés.	Part. Pas. Part. Prés. Gérondif
je plac*erai*	je plac*erais*	je plac*e*	je pla**ç***asse*	plac*e* pla**ç***ons* plac*ez*	plac*é* pla**ç***ant* en pla**ç***ant*
je mang*erai*	je mang*erais*	je mang*e*	je mang**e***asse*	mang*e* mang**e***ons* mang*ez*	mang*é* mang**e***ant* en mang**e***ant*
je cri*erai*	je cri*erais*	je cri*e* n. cri***i****ons* ils cri*ent*	je cri*asse*	cri*e*	cri*é* cri*ant* en cri*ant*
j'espér*erai*	j'espér*erais*	j'esp**è**r*e* n. espér*ions* ils esp**è**r*ent*	j'espér*asse*	esp**è**r*e* espér*ons*	espér*é* espér*ant* en espér*ant*
je p**è**s*erai*	je p**è**s*erais*	je p**è**s*e* n. pes*ions* ils p**è**s*ent*	je pes*asse*	p**è**s*e* pes*ons*	pes*é* pes*ant* en pes*ant*

VG	Konjugationsmerkmal	Présent	Imparfait	Passé Simple
-eler **-eter**	Vor allen Endungen, die mit unausgesprochenem -e beginnen, bzw. in allen auf dem Verbstamm betonten Verbformen (1. - 3. Pers. Sing. und 3. Pers. Plur. prés., sub. prés., imp. prés.) wird der Endkonsonant des Verbstamms verdoppelt. Dies gilt auch im f. s. und con. prés.	j'appe**ll***e* n. appel*ons* ils appe**ll***ent*	j'appel*ais*	j'appel*ai*
-ayer **-oyer** **-uyer**	Vor allen Endungen, die mit unausgesprochenem -e beginnen, bzw. in allen auf dem Verbstamm betonten Verbformen (1. - 3. Pers. Sing. und 3. Pers. Plur. prés., sub. prés., imp. prés.) kann das **-y** in **-i** umgewandelt werden. Dies gilt auch im f. s. und con. prés.	je pa**i***e*/ je pay*e* n. pay*ons* ils pa**i***ent*/ ils pay*ent*	je pay*ais*	je pay*ai*
	Bei den Verben auf **-oyer, -uyer** muß das **-y** in **-i** umgewandelt werden.	je bro**i***e* n. broy*ons* ils bro**i***ent*	je broy*ais*	je broy*ai*

Die Konjugation der wichtigsten unregelmäßigen Verben

Die folgende Tabelle gibt eine Zusammenfassung der wichtigsten unregelmäßigen Verben. Wer regelmäßige Verbform dargestellt. Alle folgenden Verbformen sind ebenfalls regelmäßig zu konju vorgegeben unregelmäßig zu konjugieren sind. Verbformen, die in einer Zeit durch alle Perso gestellt. Alle Endungen sind kursiv, alle Besonderheiten sind fett gedruckt. In der Spalte **Infinitiv** setzungen mit ein, auch wenn diese nicht ausdrücklich genannt sind.

Infinitiv	Présent	Imparfait	P. S.	Futur Simple	Con. Prés.
envoy*er*	j'envo**i***e* n. envoy*ons* ils envo**i***ent*	j'envoy*ais*	j'envoy*ai*	j'**enverr*****rai***	j'**enverr*****rais***

Futur Simple	Con. Prés.	Sub. Prés.	Sub. Impar.	Imp. Prés.	Part. Pas. Part. Prés. Gérondif
j'appel**l***erai*	j'appel**l***erais*	j'appel**l***e* n. appel*ions* ils appel**l***ent*	j'appel*asse*	appel**l***e* appel*ons*	appel*é* appel*ant* en appel*ant*
je pa**i***erai*/ je pay*erai*	je pa**i***erais*/ je pay*erais*	je pa**i***e*/ je pay*e* n. pay*ions* ils pa**i***ent*/ ils pay*ent*	je pay*asse*	pa**i***e*/ pay*e* pay*ons*	pay*é* pay*ant* en pay*ant*
je bro**i***erai*	je bro**i***erais*	je bro**i***e* n. broy*ions* ils bro**i***ent*	je broy*asse*	bro**i***e* broy*ons*	broy*é* broy*ant* en broy*ant*

den mehrere Verbformen hintereinander z. B. regelmäßig konjugiert, ist stellvertretend die erste gieren, solange bis eine unregelmäßige Verbform anzeigt, daß die folgenden Verbformen so wie nen hindurch unregelmäßig oder regelmäßig sind, sind nur in der jeweils 1. Person Singular darsind die wichtigsten Verben einer Verbgruppe aufgeführt. Dies schließt auch deren Zusammen-

Sub. Prés.	Sub. Impar.	Imp. Prés.	Part. Pas.	Part. Prés. Gérondif
j'envo**i***e* n. envoy*ions* ils envo**i***ent*	j'envoy*asse*	envo**i***e* envoy*ons*	avoir envoy*é*	envoy*ant* en envoy*ant*

DAS VERB

Infinitiv	Présent	Imparfait	P. S.	Futur Simple	Con. Prés.
all*er*	je **vais** tu **vas** il **va** n. all*ons* ils **vont**	j'all*ais*	j'all*ai*	j'**irai**	j'**irais**
bouill*ir*	je **bous** il **bou*t*** n. bouill*ons*	je bouill*ais*	je bouill*is*	je bouill*irai*	je bouill*irais*
assaill*ir*	j'assaill***e*** tu assaill***es*** il assaill***e*** n. assaill*ons*	j'assaill*ais*	j'assaill*is*	j'assaill*irai*	j'assaill*irais*
cueill*ir*	je cueill***e*** tu cueill***es*** il cueill***e*** n. cueill*ons*	je cueill*ais*	je cueill*is*	je cueill***erai***	je cueill***erais***
couvr*ir*, **offr*ir*,** **ouvr*ir*,** **souffr*ir***	je couvr***e*** tu couvr***es*** il couvr***e*** n. couvr*ons*	je couvr*ais*	je couvr*is*	je couvr*irai*	je couvr*irais*
cour*ir*	je cour***s*** il cour***t*** n. cour*ons*	je cour*ais*	je cour***us***	je cour***rai***	je cour***rais***
vêt*ir*	je vêt***s*** il **vêt** n. vêt*ons*	je vêt*ais*	je vêt*is*	je vêt*irai*	je vêt*irais*
fu*ir*	je fu*is* n. fu**y***ons* ils fu**i***ent*	je fu**y***ais*	je fu*is*	je fu*irai*	je fu*irais*
ten*ir*, **ven*ir***	je **tiens** il **tient** n. ten*ons* ils **tienn***ent*	je ten*ais*	je **tins** il **tint** n. **tînmes** v. **tîntes** ils **tinrent**	je **tiend*rai***	je **tiend*rais***

Sub. Prés.	Sub. Impar.	Imp. Prés.	Part. Pas.	Part. Prés. Gérondif
j'**aill***e* n. all*ions* ils **aill***ent*	j'all*asse*	**va** all*ons*	être all*é*	all*ant* en all*ant*
je bouill*e*	je bouill*isse*	**bou*s*** bouill*ons*	avoir bouill*i*	bouill*ant* en bouill*ant*
j'assaill*e*	j'assaill*isse*	assaill***e*** assaill*ons*	avoir assaill*i*	assaill*ant* en assaill*ant*
je cueill*e*	je cueill*isse*	cueill***e*** cueill*ons*	avoir cueill*i*	cueill*ant* en cueill*ant*
je couvr*e*	je couvr*isse*	couvr***e*** couvr*ons*	avoir **couvert**	couvr*ant* en couvr*ant*
je cour*e*	je cour***usse***	cour***s*** cour*ons*	avoir cour***u***	cour*ant* en cour*ant*
je vêt*e*	je vêt*isse*	vêt***s*** vêt*ons*	avoir vêt***u***	vêt*ant* en vêt*ant*
je fui*e* n. fu**y***ions* ils fui*ent*	je fu*isse*	fu*is* fu**y***ons*	avoir fu*i*	fu**y***ant* en fu**y***ant*
je **tienn***e* n. ten*ions* ils **tienn***ent*	je **tinsse** tu **tinsses** il **tînt** n. **tinss***ions*	**tiens** ten*ons*	avoir ten***u***	ten*ant* en ten*ant*

DAS VERB

Infinitiv	Présent	Imparfait	P. S.	Futur Simple	Con. Prés.
acquér*ir*, **conquér*ir***	j'**acquiers** il **acquiert** n. acquér*ons* ils **acquièrent**	j'acquér*ais*	j'**acqu***is*	j'**acquer*rai***	j'**acquer*rais***
mour*ir*	je **meurs** il **meurt** n. mour*ons* ils **meurent**	je mour*ais*	je mour***us***	je mour***rai***	je mour***rais***
prend*re*	je prend*s* il **prend** n. **pren***ons* ils **prenn***ent*	je **pren***ais*	je **pr***is*	je prend*rai*	je prend*rais*
moud*re*	je moud*s* il **moud** n. mou**l***ons*	je mou**l***ais*	je mou**l*us***	je moud*rai*	je moud*rais*
coud*re*	je coud*s* il **coud** n. cou**s***ons*	je cou**s***ais*	je cou**s***is*	je coud*rai*	je coud*rais*
résoudre	je **résou***s* il **résou*t*** n. réso**lv***ons*	je réso**lv***ais*	je réso**l*us***	je résoud*rai*	je résoud*rais*
batt*re*	je **bat***s* il **bat** n. batt*ons*	je batt*ais*	je batt*is*	je batt*rai*	je batt*rais*
mett*re*	je **met***s* il **met** n. mett*ons*	je mett*ais*	je **m***is*	je mett*rai*	je mett*rais*
atteind*re*, **craind*re*,** **éteind*re*,** **joind*re*,** **peind*re*,** **plaind*re***	je **crain***s* il **crain*t*** n. crai**gn***ons*	je crai**gn***ais*	je crai**gn***is*	je craind*rai*	je craind*rais*
vainc*re*	je vainc*s* il **vainc** n. vain**qu***ons*	je vain**qu***ais*	je vain**qu***is*	je vainc*rai*	je vainc*rais*

Sub. Prés.	Sub. Impar.	Imp. Prés.	Part. Pas.	Part. Prés. Gérondif
j'**acquièr***e* n. acquér*ions* ils **acquièrent**	j'**acqu***isse*	**acquiers** acqu*érons*	avoir **acqu*is***	acquér*ant* en acqu*érant*
je **meur***e* n. mour*ions* ils **meur***ent*	je mour***usse***	**meurs** mour*ons*	être **mort**	mour*ant* en mour*ant*
je **prenn***e* n. **pren***ions* ils **prenn***ent*	je **pr***isse*	prend*s* **pren***ons*	avoir **pris**	**pren***ant* en **pren***ant*
je mou**l***e*	je mou**l*usse***	moud*s* mou**l***ons*	avoir mou**l***u*	mou**l***ant* en mou**l***ant*
je cou**s***e*	je cou**s***isse*	coud*s* cou**s***ons*	avoir cou**s***u*	cou**s***ant* en cou**s***ant*
je réso**lv***e*	je réso**l*usse***	**résou***s* réso**lv***ons*	avoir réso**l***u*	réso**lv***ant* en réso**lv***ant*
je batt*e*	je batt*isse*	**bat***s* batt*ons*	avoir batt*u*	batt*ant* en batt*ant*
je mett*e*	je **m***isse*	**met***s* mett*ons*	avoir **mis**	mett*ant* en mett*ant*
je crai**gn***e*	je crai**gn***isse*	**crain***s* crai**gn***ons*	avoir **craint**	crai**gn***ant* en crai**gn***ant*
je vain**qu***e*	je vain**qu***isse*	vainc*s* vain**qu***ons*	avoir vainc*u*	vain**qu***ant* en vain**qu***ant*

DAS VERB

Infinitiv	Présent	Imparfait	P. S.	Futur Simple	Con. Prés.
rire	je ris	je riais n. riions ils riaient	je ris	je rirai	je rirais
suffire	je suffis n. suffisons	je suffisais	je suffis	je suffirai	je suffirais
dire, redire	je dis n. disons v. **dites** ils disent	je disais	je dis	je dirai	je dirais
contredire, interdire, prédire	je prédis n. prédisons v. prédisez ils prédisent	je prédisais	je prédis	je prédirai	je prédirais
lire	je lis n. lisons	je lisais	je **lus**	je lirai	je lirais
conduire, construire, cuire, détruire, introduire, réduire, traduire	je cuis n. cuisons	je cuisais	je cuisis	je cuirai	je cuirais
décrire, écrire	j'écris n. écrivons	j'écrivais	j'écrivis	j'ecrirai	j'écrirais
conclure, exclure	je conclus	je concluais	je conclus	je conclurai	je conclurais
suivre	je suis n. suivons	je suivais	je suivis	je suivrai	je suivrais
vivre	je vis n. vivons	je vivais	je **vécus**	je vivrai	je vivrais
plaire	je plais il plaît n. plaisons	je plaisais	je **plus**	je plairai	je plairais

Sub. Prés.	Sub. Impar.	Imp. Prés.	Part. Pas.	Part. Prés. Gérondif
je ri*e* ns r**i***ions* ils ri*ent*	je **r***isse*	ri*s*	avoir **ri**	ri*ant* en ri*ant*
je suffi**s***e*	je **suff***isse*	suffi*s* suffi**s***ons*	avoir **suffi**	suffi**s***ant* en suffi**s***ant*
je di**s***e*	je **d***isse*	di*s* di**s***ons* **dites**	avoir **dit**	di**s***ant* en di**s***ant*
je prédi**s***e*	je **préd***isse*	prédi*s* prédi**s***ons* prédi**s***ez*	avoir **prédit**	prédi**s***ant* en prédi**s***ant*
je li**s***e*	je **l*usse***	li*s* li**s***ons*	avoir **l***u*	li**s***ant* en li**s***ant*
je cui**s***e*	je cui**s***isse*	cui*s* cui**s***ons*	avoir cui***t***	cui**s***ant* en cui**s***ant*
j'écri**v***e*	j'écri**v***isse*	écri*s* écri**v***ons*	avoir écri***t***	écri**v***ant* en écri**v***ant*
je conclu*e*	je conclu***sse***	conclu*s*	avoir **conclu**	conclu*ant* en conclu*ant*
je suiv*e*	je suiv*isse*	**sui***s* suiv*ons*	avoir suiv***i***	suiv*ant* en suiv*ant*
je viv*e*	je **véc*usse***	**vi***s* viv*ons*	avoir **véc***u*	viv*ant* en viv*ant*
je plai**s***e*	je **pl*usse***	plai*s* plai**s***ons*	avoir **pl***u*	plai**s***ant* en plai**s***ant*

DAS VERB

Infinitiv	Présent	Imparfait	P. S.	Futur Simple	Con. Prés.
tai*re*	je tai*s* il tai*t* n. tai**s***ons*	je tai**s***ais*	je **t*us***	je tai*rai*	je tai*rais*
connaît*re*, paraît*re*	je **connai***s* il **connaî***t* n. connai**ss***ons*	je connai**ss***ais*	je **conn*us***	je connaît*rai*	je connaît*rais*
naît*re*	je **nai***s* il **naît** n. nai**ss***ons*	je nai**ss***ais*	je **naqu***is*	je naît*rai*	je naît*rais*
croi*re*	je croi*s* n. cro**y***ons* ils croi*ent*	je cro**y***ais*	je **cr*us***	je croi*rai*	je croi*rais*
boi*re*	je boi*s* n. **buv***ons* ils **boiv***ent*	je **buv***ais*	je **b*us***	je boi*rai*	je boi*rais*
fai*re*	je fai*s* n. fai*sons* v. **faites** ils **font**	je fai*sais*	je **f***is*	je **fe***rai*	je **fe***rais*
dev*oir*	je **doi***s* il **doi***t* n. dev*ons* ils **doiv***ent*	je dev*ais*	je **d***us*	je dev*rai*	je dev*rais*
mouv*oir*	je **meu***s* il **meu***t* n. mouv*ons* ils **meuv***ent*	je mouv*ais*	je **m***us*	je mouv*rai*	je mouv*rais*
pouv*oir*	je **peux** il **peut** n. pouv*ons* ils **peuv***ent*	je pouv*ais*	je **p***us*	je **pour***rai*	je **pour***rais*
voul*oir*	je **veux** il **veut** n. voul*ons* ils **veul***ent*	je voul*ais*	je voul*us*	je **voud***rai*	je **voud***rais*

Sub. Prés.	Sub. Impar.	Imp. Prés.	Part. Pas.	Part. Prés. Gérondif
je tais*e*	je **t*usse***	tai*s* tais*ons*	avoir **t***u*	tais*ant* en tais*ant*
je connai**ss***e*	je **conn*usse***	**connai***s* connai**ss***ons*	avoir **conn***u*	connai**ss***ant* en connai**ss***ant*
je nai**ss***e*	je **naqu***isse*	**nai***s* nai**ss***ons*	être **né**	nai**ss***ant* en nai**ss***ant*
je croi*e* n. cro**y***ions* ils croi*ent*	je **cr*usse***	croi*s* cro**y***ons*	avoir **cr***u*	cro**y***ant* en cro**y***ant*
je **boiv***e* n. **buv***ions* ils **boiv***ent*	je **b*usse***	boi*s* **buv***ons*	avoir **b***u*	**buv***ant* en **buv***ant*
je **fass***e*	je **f***isse*	fai*s* fais*ons* **faites**	avoir **fait**	fais*ant* en fais*ant*
je **doiv***e* n. dev*ions* ils **doiv***ent*	je **d***usse*	**doi***s* dev*ons*	avoir **dû** **du(e)s**	dev*ant* en dev*ant*
je **meuv***e* n. mouv*ions* ils **meuv***ent*	je **m***usse*	**meus** mouv*ons*	avoir **mû** **mu(e)s**	mouv*ant* en mouv*ant*
je **puiss***e*	je **p***usse*	-	avoir **p***u*	pouv*ant* en pouv*ant*
je **veuill***e* n. voul*ions* ils **veuill***ent*	je voul*usse*	**veuill***e*/**veux** voul*ons* **veuill***ez*/voul*ez*	avoir voul*u*	voul*ant* en voul*ant*

Infinitiv	Présent	Imparfait	P. S.	Futur Simple	Con. Prés.
val*oir*	je **vaux** il **vaut** n. val*ons*	je val*ais*	je val*us*	je **vaud***rai*	je **vaud***rais*
fall*oir*	il **faut**	il fall*ait*	il fall*ut*	il **faud***ra*	il **faud***rait*
pleuv*oir*	il **pleut**	il pleuv*ait*	il **pl***ut*	il pleuv*ra*	il pleuv*rait*
sav*oir*	je **sais** il **sait** n. sav*ons*	je sav*ais*	je **s***us*	je **sau***rai*	je **sau***rais*
v*oir*	je **vois** il **voit** n. **voy***ons* ils **voient**	je **voy***ais*	je **v*is***	je **ver***rai*	je **ver***rais*
prév*oir*	je **prévois** il **prévoit** n. **prévoy***ons* ils **prévoi***ent*	je **prévoy***ais*	je **prév*is***	je prévoi*rai*	je prévoi*rais*
pourv*oir*	je **pourvois** il **pourvoit** n. **pourvoy***ons* ils **pourvoi***ent*	je **pourvoy***ais*	je pourv*us*	je **pourvoi***rai*	je **pourvoi***rais*
asse*oir*	j'**assieds/** j'**assois** il **assied/** il **assoit** n. **assey***ons/* n. **assoy***ons* ils **assey***ent/* ils **assoi***ent*	j'**assey***ais/* j'**assoy***ais*	j'**ass*is***	j'**assié***rai/* j'**assoi***rai*	j'**assié***rais/* j'**assoi***rais*

Sub. Prés.	Sub. Impar.	Imp. Prés.	Part. Pas.	Part. Prés. Gérondif
je **vaill***e* n. val*ions* ils **vaill***ent*	je val*usse*	**vaux** val*ons*	avoir val*u*	val*ant* en val*ant*
il **faill***e*	il fall*ût*	-	avoir fall*u*	-
il **pleuv***e*	il **pl***ût*	-	avoir **pl***u*	pleuv*ant* en pleuv*ant*
je **sach***e*	je **s***usse*	**sach***e*	avoir **s***u*	**sach***ant* en **sach***ant*
je **voi***e* n. **voy***ions* ils **voi***ent*	je **v*isse***	**voi***s* **voy***ons*	avoir v*u*	**voy***ant* en **voy***ant*
je **prévoi***e* n. **prévoy***ions* ils **prévoi***ent*	je **prév*isse***	**prévoi***s* **prévoy***ons*	avoir prév*u*	**prévoy***ant* en **prévoy***ant*
je **pourvoi***e* n. **pourvoy***ions* ils **pourvoi***ent*	je **pourv***usse*	**pourvoi***s* **pourvoy***ons*	avoir pourv*u*	**pourvoy***ant* en **pourvoy***ant*
j'**assey***e*/ j'**assoi***e* n. **assey***ions*/ n. **assoy***ions* ils **assey***ent*/ ils **assoi***ent*	j'**ass*isse***	**assieds/** **assois** **assey***ons*/ **assoy***ons*	avoir **ass*is***	**assey***ant*/ **assoy***ant* en **assey***ant*/ en **assoy***ant*

Die Hilfsverben (les verbes auxiliaires)

Die Hilfsverben **avoir** (haben) und **être** (sein) dienen zur Bildung der zusammengesetzten Zeiten und des Passivs.

Verben, die mit avoir konjugiert werden

Die meisten Verben bilden die zusammengesetzten Zeiten mit **avoir**. Es sind dies die Verben **avoir** und **être**, alle transitiven, die meisten intransitiven und alle unpersönlichen Verben.

- Tu **as** *eu* de la chance.
- J'**ai** *été* malade.
- J'**ai** *écrit une lettre.*
- Elle **a** bien *dormi.*
- *Il* **a** *plu* pendant toute la nuit.

Verben, die mit être konjugiert werden

Einige Verben bilden die zusammengesetzten Zeiten mit **être**. Es sind dies alle reflexiven und einige intransitive Verben. Das Passiv wird grundsätzlich mit **être** gebildet.

- Ils *se* **sont** *trompés.*
- Je **suis** *arrivé* il y a deux heures.
- La porte **est** *ouverte* par le concierge.

Alle Verben, die mit **être** konjugiert werden, richten sich in Geschlecht und Zahl nach dem Subjekt, d. h. bei einem männlichen Subjekt (1. - 3. Person Singular) bleibt das participe passé unverändert, bei mehreren (1. - 3. Person Plural) erhält es ein **-s**. Bei einem weiblichen Subjekt erhält das participe passé ein **-e**, bei mehreren **-es**. Bei einem, mehreren männlichen und weiblichen Subjekten erhält das participe passé nur ein **-s**, selbst wenn nur ein männliches Subjekt unter mehreren weiblichen ist.

Subjekt/ Geschlecht	eine Person, Sache (1. - 3. Person Singular)	mehrere Personen, Sachen (1. - 3. Person Plural)
männlich	Paul est arrivé.	Paul et Pierre sont arrivé**s**.
weiblich	Marie est arrivé**e**.	Marie et Claire sont arrivé**es**.
männlich und weiblich	-	Paul et Marie sont arrivé**s**.

Die intransitiven Verben können sowohl mit **avoir** als auch mit **être** konjugiert werden, je nachdem in welcher Bedeutung sie verwendet werden.

Verben, die sowohl mit avoir als auch mit être konjugiert werden

	Verben mit **avoir**	Verben mit **être**
Verben der Bewegung/Ruhe	Die Verben, die eine Bewegungs-, Gangart ausdrücken (im Gegensatz zum Deutschen). • **courir** • **rouler** • **danser** • **sauter** • **marcher** • **voler** • **mouvoir** • **voyager** • **nager**	Die Verben, die eine Bewegungsrichtung oder die Ruhe ausdrücken. • **aller** • **rentrer** • **arriver** • **rester** • **entrer** • **tomber** • **partir** • **venir**
	• Nous **avons** *marché* deux heures. • Il **a** *couru* très vite.	• Je **suis** *allé* à Paris le mois dernier. • Je **suis** *arrivé* il y a deux heures.
	Die Verben der Bewegungsrichtung, wenn sie transitiv verwendet werden. Meist liegt zu den mit **être** konjugierten Verben ein Unterschied in der Bedeutung vor. • **descendre** (hinuntergehen; -bringen) • **monter** (hinaufgehen;-bringen) • **passer** (vorbei-, vergehen) • **retourner** (zurückgeben) • **sortir** (herausnehmen, -holen)	Die Verben der Bewegungsrichtung, wenn sie intransitiv verwendet werden. Meist liegt zu den mit **avoir** konjugierten Verben ein Unterschied in der Bedeutung vor. • **descendre** (hinuntergehen; aussteigen) • **monter** (hinaufgehen; einsteigen) • **passer** (vorbeigehen) • **retourner** (zurückkommen) • **sortir** (hinaus-, ausgehen)
	• Il **a** *descendu les meubles* au premier étage.	• Il **est** *descendu* de la voiture de Marie.
Verben des Vorgangs/ Zustands	Die Verben, die einen Vorgang ausdrücken. Es liegt dann zu den mit **être** konjugierten Verben ein Unterschied in der Bedeutung vor. • **changer** ((ver)ändern) • **demeurer** (wohnen) • **paraître** (erscheinen)	Die Verben, die einen Zustand bzw. Zustandswechsel, ein Ergebnis ausdrücken. Es liegt dann zu den mit **avoir** konjugierten Verben ein Unterschied in der Bedeutung vor. • **changer** ((ver)ändern) • **demeurer** (bleiben) • **paraître** (erhältlich sein) • **apparaître** (erscheinen) • **devenir** (werden) • **mourir** (sterben) • **naître** (geboren werden)
	• Elle **a** *changé.* (Sie **hat** sich *verändert* (Vorgang).)	• Elle **est** *changée* depuis l'année dernière. (Seit dem letzten Jahr **ist** sie *verändert.* (Ergebnis))

Die reflexiven Verben (les verbes réfléchis)

Reflexive Verben sind Verben, die von einem Reflexivpronomen begleitet werden. Reflexivpronomen und Subjekt bezeichnen dieselbe Person.
Im Französischen werden unter der Bezeichnung verbes pronominaux die reflexiven Verben und die reziproken Verben zusammengefaßt.

Es ist zu beachten, daß nicht jedes Verb, das im Deutschen reflexiv verwendet wird auch im Französischen reflexiv verwendet werden kann und umgekehrt.

Nur reflexiv gebrauchte Verben

Einige Verben werden im Französischen in der Regel reflexiv verwendet.

- Il **s'écrie**: „Reviens!"
- Il **s'en va** sans dire adieu.

- **s'écrier** (ausrufen)
- **s'efforcer** (sich bemühen)
- **s'emparer** (sich bemächtigen)
- **s'empresser** (sich beeilen)
- **s'en aller** (fortgehen)
- **s'enfuir** (fliehen)
- **se moquer** (sich lustig machen)
- **se réfugier** (sich flüchten)
- **se souvenir** (sich erinnern)

Gelegentlich reflexiv gebrauchte Verben

Einige Verben werden sowohl reflexiv als auch nicht reflexiv verwendet.
Die reflexiv verwendeten Verben haben meist eine andere Bedeutung als die nicht reflexiv verwendeten Verben.
Außerdem ist die Verwendung reflexiver Verben ein beliebtes Stilmittel zur Vermeidung des Passivs. Im Deutschen wird dies häufig durch *man* übersetzt.

- J'ai **achevé** mes devoirs.
- Le mois **s'achève.**
- La police a **arrêté** deux hommes.
- Ma voiture **s'arrête** près d'eux.
- Cela **se voit** toujours.
  (Das **sieht man** immer.)

- **achever** (vollenden)
- **appeler** (nennen, rufen)
- **arrêter** (anhalten, festnehmen)
- **attendre** (erwarten)
- **coucher** (jn. hinlegen)
- **douter** (bezweifeln)
- **endormir** (einschläfern)
- **lever** (erheben)
- **s'achever** (zu Ende gehen)
- **s'appeler** (heißen)
- **s'arrêter** (anhalten)
- **s'attendre (à)** (gefaßt sein (auf))
- **se coucher** (zu Bett gehen)
- **se douter** (ahnen)
- **s'endormir** (einschlafen)
- **se lever** (aufstehen)

• **promener**	(spazierenführen)	• **se promener**	(spazierengehen)
• **réveiller**	(wecken)	• **se réveiller**	(aufwachen)
• **taire**	(verschweigen)	• **se taire**	(schweigen)
• **terminer**	(beenden)	• **se terminer**	(zu Ende gehen)

Nicht reflexiv gebrauchte Verben

Einige Verben, die im Deutschen meist reflexiv sind, sind im Französischen nicht reflexiv.

- J'**ai honte** de le lui dire.
- Les prix **augmentent.**

• **augmenter**	(sich vermehren)	• **avoir honte**	(sich schämen)
• **diminuer**	(sich vermindern)	• **remuer**	(sich rühren)

Die reziproken Verben (les verbes réciproques)

Reziproke Verben drücken die Gegenseitigkeit, Wechselbeziehung aus (einander, gegenseitig). Auch sie werden von einem Reflexivpronomen und gegebenenfalls von **l'un l'autre, les uns les autres, mutuellement** begleitet und werden nur im Plural verwendet.

- Ils **se connaissent** depuis longtemps.
  (Sie **kennen einander** seit langem.)
- Paul et Marie **s'aident** *l'un l'autre.*
- Paul et Marie **s'aident** *mutuellement.*

Die reflexiven Verben bilden die zusammengesetzten Zeiten mit **être** und richten sich daher in Geschlecht und Zahl nach dem Wort, auf das sie sich beziehen, d. h. bei einem männlichen Bezugswort (1. - 3. Person Singular) bleibt das participe passé unverändert, bei mehreren (1. - 3. Person Plural) erhält es ein **-s**. Bei einem weiblichen Bezugswort erhält das participe passé ein **-e**, bei mehreren **-es**. Bei einem, mehreren männlichen und weiblichen Bezugswörtern erhält das participe passé nur ein **-s**, selbst wenn nur ein männliches Bezugswort unter mehreren weiblichen ist.
Dies ist in der folgenden Konjugationstabelle durch **(e)s** dargestellt.
Es ist zu beachten, daß die Angleichung des participe passé unterbleibt, wenn dem reflexiven Verb ein direktes Objekt nachfolgt.

Person, Sache/ Geschlecht	eine Person, Sache (1. - 3. Person Singular)	mehrere Personen, Sachen (1. - 3. Person Plural)
männlich	Paul s'est lavé.	Paul et Pierre se sont lavé**s**.
weiblich	Marie s'est lavé**e**.	Marie et Claire se sont lavé**es**.
männlich und weiblich	-	Paul et Marie se sont lavé**s**.

Die Konjugation reflexiver Verben

Mod.	Zeit	1. Person Singular	2. Person Singular	3. Person Singular
Ind.	Prés.	je **me** lav*e*	tu **te** lav*es*	il, (elle) **se** lav*e*
	Impar.	je **me** lav*ais*	tu **te** lav*ais*	il, (elle) **se** lav*ait*
	P. S.	je **me** lav*ai*	tu **te** lav*as*	il, (elle) **se** lav*a*
	P. C.	je **me** *suis* lav*é(e)*	tu **t'** *es* lav*é(e)*	il, (elle) **s'** *est* lav*é(e)*
	P. P.	je **m'** *étais* lav*é(e)*	tu **t'** *étais* lav*é(e)*	il, (elle) **s'** *était* lav*é(e)*
	P. A.	je **me** *fus* lav*é(e)*	tu **te** *fus* lav*é(e)*	il, (elle) **se** *fut* lav*é(e)*
	F. S.	je **me** lav*erai*	tu **te** lav*eras*	il, (elle) **se** lav*era*
	F. A.	je **me** *serai* lav*é(e)*	tu **te** *seras* lav*é(e)*	il, (elle) **se** *sera* lav*é(e)*
	F. P.	je *vais* **me** lav*er*	tu *vas* **te** lav*er*	il, (elle) *va* **se** lav*er*
Con.	Prés.	je **me** lav*erais*	tu **te** lav*erais*	il, (elle) **se** lav*erait*
	Pas.	je **me** *serais* lav*é(e)*	tu **te** *serais* lav*é(e)*	il, (elle) **se** *serait* lav*é(e)*
Sub.	Prés.	je **me** lav*e*	tu **te** lav*es*	il, (elle) **se** lav*e*
	Impar.	je **me** lav*asse*	tu **te** lav*asses*	il, (elle) **se** lav*ât*
	Pas.	je **me** *sois* lav*é(e)*	tu **te** *sois* lav*é(e)*	il, (elle) **se** *soit* lav*é(e)*
	P. P.	je **me** *fusse* lav*é(e)*	tu **te** *fusses* lav*é(e)*	il, (elle) **se** *fût* lav*é(e)*
Imp.	Prés.		lav*e*-**toi**	
	vern.		ne **te** lav*e* pas	
Inf.	Prés.	**se** lav*er*		
	Pas.	**s'** *être* lav*é*		
Part.	Prés.	**se** lav*ant*		
	Pas.	**s'** *étant* lav*é*		
Gér.		en **se** lav*ant*		

1. Person Plural	2. Person Plural	3. Person Plural
n. **nous** lav*ons*	v. **vous** lav*ez*	ils, (elles) **se** lav*ent*
n. **nous** lav*ions*	v. **vous** lav*iez*	ils, (elles) **se** lav*aient*
n. **nous** lav*âmes*	v. **vous** lav*âtes*	ils, (elles) **se** lav*èrent*
n. **nous** *sommes* lav*é(e)s*	v. **vous** *êtes* lav*é(e)s*	ils, (elles) **se** *sont* lav*é(e)s*
n. **nous** *étions* lav*é(e)s*	v. **vous** *étiez* lav*é(e)s*	ils, (elles) **s'** *étaient* lav*é(e)s*
n. **nous** *fûmes* lav*é(e)s*	v. **vous** *fûtes* lav*é(e)s*	ils, (elles) **se** *furent* lav*é(e)s*
n. **nous** lav*erons*	v. **vous** lav*erez*	ils, (elles) **se** lav*eront*
n. **nous** *serons* lav*é(e)s*	v. **vous** *serez* lav*é(e)s*	ils, (elles) **se** *seront* lav*é(e)s*
n. *allons* **nous** lav*er*	v. *allez* **vous** lav*er*	ils, (elles) *vont* **se** lav*er*
n. **nous** lav*erions*	v. **vous** lav*eriez*	ils, (elles) **se** lav*eraient*
n. **nous** *serions* lav*é(e)s*	v. **vous** *seriez* lav*é(e)s*	ils, (elles) **se** *seraient* lav*é(e)s*
n. **nous** lav*ions*	v. **vous** lav*iez*	ils, (elles) **se** lav*ent*
n. **nous** lav*assions*	v. **vous** lav*assiez*	ils, (elles) **se** lav*assent*
n. **nous** *soyons* lav*é(e)s*	v. **vous** *soyez* lav*é(e)s*	ils, (elles) **se** *soient* lav*é(e)s*
n. **nous** *fussions* lav*é(e)s*	v. **vous** *fussiez* lav*é(e)s*	ils, (elles) **se** *fussent* lav*é(e)s*
lav*ons*- **nous**	lav*ez*- **vous**	
ne **nous** lav*ons* pas	ne **vous** lav*ez* pas	

Die unpersönlichen Verben (les verbes impersonnels)

Die unpersönlichen Verben kommen nur in der 3. Person Singular vor und stehen mit dem unbestimmten bzw. grammatischen Subjekt **il** (sujet grammatical). Manche unpersönlichen Verben stehen mit dem subjonctif und sind im folgenden durch * gekennzeichnet.

- **Il fait chaud.**
- **Il fait jour.**
- **Il est bon** que tu le fasses.
- **Il importe** que vous fassiez vos devoirs toujours.

• **il fait beau/mauvais**	(es ist schön/schlecht (Wetter))
• **il fait chaud/froid**	(es ist heiß/kalt)
• **il fait jour/nuit**	(es ist Tag/Nacht)
• **il fait sombre**	(es ist dunkel)
• **il fait du vent**	(es ist windig)
• **il neige**	(es schneit)
• **il pleut**	(es regnet)
• **il est agréable** *	(es ist angenehm)
• **il est bon** *	(es ist gut)
• **il est curieux** *	(es ist seltsam)
• **il est étonnant** *	(es ist erstaunlich)
• **il est étrange** *	(es ist seltsam)
• **il est excellent** *	(es ist ausgezeichnet)
• **il (me, te ...) faut**	(ich, du ... muß)
• **il faut** *	(man muß)
• **il est faux** *	(es ist falsch)
• **il est important** *	(es ist wichtig)
• **il importe** *	(es ist wichtig)
• **il est intéressant** *	(es ist interessant)
• **il est juste** *	(es ist richtig; gerecht)
• **il est mal, mauvais** *	(es ist schlecht)
• **il est naturel***	(es ist natürlich)
• **il est nécessaire** *	(es ist notwendig)
• **il est normal** *	(es ist normal)
• **il est (im)possible** *	(es ist (un)möglich)
• **il est rare***	(es ist selten)
• **il est terrible** *	(es ist schrecklich)
• **il est triste** *	(es ist traurig)
• **il vaut mieux** *	(es ist besser)

Unpersönlich gebrauchte Verben

Den unpersönlich gebrauchten Verben folgt das eigentliche Subjekt, das Sinnsubjekt (sujet logique) nach. Das Verb richtet sich in Geschlecht und Zahl nach dem Sinnsubjekt.

- **Il arriva** des messagers.
- **Il est** des gens qui le *croient.*

Persönlicher Ausdruck statt unpersönlichem Ausdruck

Unpersönliche Verben werden im Französischen häufig durch einen persönlichen Ausdruck ersetzt, d. h. statt **il** steht ein persönliches Subjekt, also eine Person, Sache, ein Personalpronomen.

- **J'ai chaud.**
- **Je suis content** que vous me rendiez visite.

• **j'ai chaud, froid**	(mir ist heiß, kalt)
• **je suis content** *	(es freut mich)
• **je m'étonne** *	(es wundert mich)
• **on frappe**	(es klopft)
• **je manque de**	(es fehlt mir an)
• **je parviens à** (+ inf.)	(es gelingt mir)
• **on prétend que**	(es wird behauptet)
• **je réussis à** (+ inf.)	(es gelingt mir)
• **on sonne**	(es klingelt)
• **je vais bien, mal**	(es geht mir gut, schlecht)

Das Verb und seine Ergänzungen (les compléments du verbe)

Die Verben können eine oder mehrere der folgenden Ergänzungen, d. h. Objekte, prädikative Ergänzungen oder adverbiale Bestimmungen bei sich haben.
Es ist zu beachten, daß das französische Verb nicht dieselben Ergänzungen bzw. Objekte bei sich haben muß wie das deutsche Verb, d. h. ein Verb, das im Deutschen mit direktem Objekt steht, kann im Französischen mit indirektem Objekt stehen und umgekehrt.

Verben mit direktem Objekt (verbes avec objet direct)

Das direkte Objekt wird im Französischen ohne Präposition an das Verb angeschlossen. Es kann durch das entsprechende verbundene, unbetonte Personalpronomen (direktes Objekt) ersetzt werden.
Verben mit direktem Objekt heißen transitive Verben (verbes transitifs directs).

- Pierre **aide** *son frère.* - Pierre *l'***aide**.
- Il **assiste** *son père.* - Il *l'***assiste**.
- **J'ai contredit** *Jean.* - Je *l'***ai contredit**.
- Les enfants **suivent** *la mère.* - Les enfants *la* **suivent.**

- **aider qn** (jm. helfen)
- **appeler qn** (jn. rufen, holen)
- **assister qn** (jm. beistehen)
- **attendre qn, qc** (auf jn., etw. warten)
- **contredire qn** (jm. widersprechen)
- **croire qn, qc** (jm., etw. glauben)
- **écouter qn** (jm. zuhören)
- **manquer qc** (fehlen; verpassen)
- **précéder qn, qc** (jm., etw. vorangehen)
- **se rappeler qn, qc** (sich an jn., etw. erinnern)
- **rencontrer qn, qc** (jm., etw. begegnen)
- **servir qn, qc** (jm,. etw. dienen, nützen)
- **suivre qn, qc** (jm., etw. folgen)

Verben mit indirektem Objekt (verbes avec objet indirect)

Verben mit indirektem Objekt (verbes transitifs indirects) schließen dieses mit einer Präposition meist **à** (**à**-Objekt) oder **de** (**de**-Objekt) an. Personenobjekte werden durch das entsprechende unbetonte, verbundene Personalpronomen (indirektes Objekt), Sachobjekte werden durch **y** ersetzt. Bei den mit * versehenen Verben wird das Objekt durch das betonte, unverbundene Personalpronomen oder **y** ersetzt.

- Sa destinée **dépend** *de ce juge.* - Sa destinée **dépend** *de lui.*
- Elle **a consenti** *à l'arrangement.* - Elle *y* **a consenti.**
- Pierre **pense** toujours *à Marie.* - Pierre **pense** toujours *à elle.*
- Pierre **pense** toujours *à ce problème.* - Pierre *y* **pense** toujours.

- **appartenir à qn, qc** (zu jm., etw. gehören)
- **céder à qn, qc** (jm., etw. nachgeben)
- **consentir à qc** (etw. zustimmen)
- **convenir à qn** (jm. passen, zusagen)
- **jouer à qc** (etw. spielen (ein Spiel))
- **s'intéresser à qn, qc*** (sich für jn., etw. interessieren)
- **manquer à qc** (fehlen, etw. nicht halten)
- **mentir à qn** (jn. belügen)
- **parler à qn** (mit jm. sprechen)
- **participer à qc** (an etw. teilnehmen)
- **penser à qn, qc*** (an jn., etw. denken)
- **réfléchir à qc** (über etw. nachdenken)
- **renoncer à qc*** (auf etw. verzichten)
- **répondre à qc** (etw. beantworten)
- **résister à qn, qc** (jm., etw. widerstehen)
- **songer à qn, qc*** (an jn., etw. denken)
- **servir à qc** (zu etw. dienen)
- **survivre à qn, qc** (jn., etw. überleben)

- **s'approcher de qn, qc** (sich jm., etw. nähern)
- **avoir besoin de qn, qc** (jn., etw. brauchen)
- **changer de qc** (etw. ändern, wechseln)
- **dépendre de qn, qc** (von jm., etw. abhängen)
- **douter de qn, qc** (an jm., etw. zweifeln)
- **se douter de qc** (etw. ahnen)
- **s'étonner de qn, qc** (sich über jn., etw. wundern)
- **jouer de qc** (spielen (Instrument))
- **jouir de qc** (etw. genießen)
- **manquer de qc** (an etw. fehlen)
- **se moquer de qn, qc** (sich über jn., etw. lustig machen)
- **s'occuper de qn, qc** (sich um jn., etw. kümmern)
- **s'occuper de qc** (sich mit etw. beschäftigen)
- **rêver de qn, qc** (von jm., etw. träumen)
- **souffrir de qc** (an etw. leiden)
- **se souvenir de qn, qc** (sich an jn., etw. erinnern)

Verben mit direktem, indirektem Objekt (verbes avec objet direct, indirect)

Einige Verben können mit einem direkten (Personen-, Sach)Objekt und einem indirekten **à**-Objekt (Personenobjekt) oder einem indirekten **de**-Objekt (meist Sachobjekt) stehen. Das direkte Objekt steht generell vor dem indirekten Objekt. Es kann nach dem indirekten Objekt stehen, wenn das direkte Objekt länger ist als das indirekte Objekt.

- Il **montre** *la lettre à son frère.*
- J'**ai averti** *mon père de mes problèmes.*
- Marie **écrit** *à son père une lettre de 50 pages.*

- **acheter qc à qn** (jm. etw. abkaufen)
- **annoncer qn, qc à qn** (jn., jm. etw. ankündigen)
- **apprendre qc à qn** (jm. etw. beibringen)
- **conseiller qc à qn** (jm. etw. raten)
- **déclarer qc à qn** (jm. etw. erklären)
- **défendre qc à qn** (jm. etw. verbieten)
- **demander qc à qn** (jn. etw. fragen)
- **dire qc à qn** (jm. etw. sagen)
- **écrire qc à qn** (jm. etw. schreiben)
- **expliquer qc à qn** (jm. etw. erklären)
- **interdire qc à qn** (jm. etw. verbieten)
- **montrer qc à qn** (jm. etw. zeigen)
- **ordonner qc à qn** (jm. etw. befehlen)
- **préférer qn, qc à qn,qc** (jn., etw. jm., etw. vorziehen)
- **présenter qn à qn** (jn. jm. vorstellen)
- **présenter qc à qn** (jm. etw. vorstellen)
- **promettre qc à qn** (jm. etw. versprechen)
- **raconter qc à qn** (jm. etw. erzählen)
- **rappeler qc à qn** (jn. an etw. erinnern)
- **recommander qc à qn** (jm. etw. empfehlen)
- **refuser qc à qn** (jm. etw. abschlagen)
- **répéter qc à qn** (jm. etw. wiederholen)
- **répondre qc à qn** (jm. etw. antworten)

• **avertir qn de qc**	(jn. von etw. verständigen)	• **prévenir qn (de qc)**	(jn. (von etw.) benachrichtigen)
• **apprendre qc (de qn)**	(etw. (von jm.) erfahren)	• **recevoir qc (de qn)**	(etw. (von jm.) bekommen)
• **charger qn de qc**	(jn. mit etw. beauftragen)	• **remercier qn de qc**	(jm. für etw. danken)
• **convaincre qn de qc**	(jn. von etw. überzeugen)	• **savoir qc (de qn)**	(etw. (von jm.) erfahren)
• **obtenir qc (de qn)**	(etw. (von jm.) erhalten)		

Verben ohne Objekt (verbes sans objet)

Einige Verben können auch ohne Objekt stehen. Verben ohne Objekt heißen intransitive Verben (verbes intransitifs).

- Il **est accouru**.
- Elle **est venue**.
- Pierre **dort**.

Verben mit prädikativen Ergänzungen (verbes avec des compléments attributifs)

Die prädikative Ergänzung ist ein Substantiv oder Adjektiv und bezieht sich entweder auf das Subjekt (attribut du sujet) oder Objekt (attribut du complément direct). Als Adjektiv richtet sie sich in Geschlecht und Zahl nach ihrem Bezugswort.

- Les français **ont élu** de Gaulle *président* de France.
- Le paysan français **est** *laborieux.*
- Les paysannes françaises **sont** *laborieuses.*

Verben mit adverbialen Bestimmungen (verbes avec des compléments circonstanciels)

Adverbiale Bestimmungen (Umstandsbestimmungen) geben die Zeit (compléments de temps), den Ort (compléments de lieu), die Art und Weise (compléments de manière), den Grund (compléments de cause) an. Adverbiale Bestimmungen des Grundes sind meist Substantive + **de**.

- Nous **partirons** *la semaine prochaine.*
- Ils **habitent** *à Paris.*
- Il **marchait** *lentement.*
- Il **bouillait** *de rage.*

Die Zeiten (les temps)

Mit Hilfe der Zeiten (Tempora) werden bestimmte Vorgänge oder Zustände der Vergangenheit, Gegenwart oder Zukunft zugeordnet.

Einfache Zeiten (les temps simples)

Die einfachen Zeiten werden ohne Hilfsverb gebildet.

- J'**écris** une lettre.
- J'**écrivais** une lettre.

Zusammengesetzte Zeiten (les temps composés)

Die zusammengesetzten Zeiten werden mit dem Hilfsverb **avoir** gebildet, bei den Verben, die mit **avoir** konjugiert werden, **être** wird bei den Verben verwendet, die mit **être** konjugiert werden.

- J'**ai écrit** une lettre.
- Il **est arrivé.**
- Elle **est arrivée.**
- Ils **sont arrivés.**
- Elles **sont arrivées.**

Es ist zu beachten, daß die deutschen Zeiten nicht einfach ins Französische übertragen werden können, d. h. wenn im Deutschen z. B. das Präteritum steht, ist dies im Französischen nicht automatisch mit dem imparfait zu übersetzen. Die Auswahl der Zeiten im Französischen ist vielmehr danach zu treffen, welcher Sachverhalt ausgedrückt werden soll (z. B. völlig abgeschlossener Vorgang, nicht abgeschlossener Vorgang etc.).

	Présent	
Gegenwart	Zum Ausdruck gegenwärtiger Vorgänge und Zustände und allgemeingültiger Tatsachen.	• Je **lis** un livre. • Je **fais** mes devoirs. • La terre **tourne** autour du soleil.

	Imparfait	Passé Simple	Passé Composé
Vergangenheit	Zum Ausdruck nicht abgeschlossener vergangener Vorgänge (was war schon?).	Zum Ausdruck völlig abgeschlossener Vorgänge und geschichtlicher Ereignisse (was geschah nun?).	Zum Ausdruck völlig abgeschlossener Vorgänge (was geschah dann?).

Imparfait	Passé Simple	Passé Composé
	Es wird in der modernen Sprache meist nur noch in der Schriftsprache verwendet.	Es wird in der modernen Sprache häufig statt des passé simple verwendet. Häufig bezeichnet es vergangene Vorgänge, die in der Gegenwart noch andauern oder die für die Gegenwart noch von Bedeutung sind.
• Hier, je **voulais** voir ton frère.	• En 1492 Colomb **découvrit** l'Amérique.	• En 1492 Colomb **a découvert** l'Amérique.

Vorvergangenheit

Plus-que-parfait	Passé Antérieur
Zum Ausdruck der Vorvergangenheit, d. h. eines Vorgangs oder Zustands, der beendet war, bevor ein anderer einsetzte.	Zum Ausdruck der Vorvergangenheit, d. h. eines Vorgangs, der beendet war, bevor ein anderer einsetzte. Es wird meist nur in der Schriftsprache verwendet und steht besonders nach Ausdrücken wie **après que, aussitôt que, lorsque** und **quand.**
• J'**avais fini** ma lettre, quand ma mère est entrée. (Ich **hatte** meinen Brief **beendet**, als meine Mutter eintrat. (Das Schreiben des Briefs war beendet, bevor meine Mutter eintrat.)	• Quand je **fus entré**, tu écrivis une lettre.

Zukunft

Présent	Futur Simple	Futur Proche
Zum Ausdruck eines, von der Gegenwart aus gesehen, zukünftigen Vorgangs. Das présent bezeichnet vor allem die nahe Zukunft und steht häufig mit einer adverbialen Bestimmung, die auf die Zukunft weist.	Zum Ausdruck eines zukünftigen Vorgangs. Das futur simple bezeichnet vor allem die fernere Zukunft. Es wird häufig in der Schriftsprache verwendet.	Zum Ausdruck eines zukünftigen Vorgangs. Das futur proche bezeichnet vor allem die nahe Zukunft. Es wird meist in der gesprochenen Sprache verwendet.

Présent	Futur Simple	Futur Proche
• La semaine prochaine nous **venons** à Paris.	• Nous **viendrons** à Paris le mois prochain.	• Nous **allons partir** demain matin.

Futur Antérieur	
Zum Ausdruck eines zukünftigen Vorgangs, der zu einem bestimmten Zeitpunkt in der Zukunft abgeschlossen sein wird. Im Deutschen wird hier häufig das Perfekt verwendet.	• J'**aurai fini** ce travail pour demain. (Ich **werde** diese Arbeit bis morgen **beendet haben;** ich **habe** diese Arbeit bis morgen **beendet.**)

Conditionnel Présent	Conditionnel Passé
Zum Ausdruck eines, von der Vergangenheit aus gesehen, zukünftigen Vorgangs.	Zum Ausdruck eines Vorgangs, der von der Vergangenheit aus gesehen, in der Zukunft abgeschlossen sein wird.
• Pierre m'*a dit* qu'il **voudrait** venir plus tard.	• Pierre m'*a dit* qu'il **aurait fini** ce travail pour demain.

	Imparfait	Passé Simple
Gleichzeitig verlaufende/ aufeinanderfolgende Vorgänge	Zum Ausdruck gleichzeitig verlaufender Vorgänge. Dieser Sachverhalt wird häufig durch den Ausdruck **pendant que** angezeigt.	Zum Ausdruck aufeinanderfolgender Vorgänge. Daher kommt das passé simple besonders in sachlichen Berichten und Beschreibungen zum Einsatz.
	• Pendant que j'**écrivais** une lettre, mon frère **faisait** ses devoirs.	• Il **fit** du soleil, la mer **fut** merveilleuse, les enfants **jouèrent** à la plage. ...
Noch andauernde/ neu eintretende Vorgänge	Zum Ausdruck eines noch andauernden Vorgangs während ein anderer neu einsetzt. Der noch andauernde Vorgang steht im imparfait.	Zum Ausdruck eines neu eintretenden Vorgangs während ein anderer noch andauert. Der neu eintretende Vorgang steht im passé simple.
	• J'**écrivais** une lettre, et tout à coup, ma mère entra.	• J'écrivais une lettre, et tout à coup, ma mère **entra.**

Neben der rein zeitlichen Verwendung der Zeiten können mit ihnen auch modale, also nicht zeitliche Sachverhalte ausgedrückt werden.

	Présent	
Gewohnheit	Zum Ausdruck gewohnheitsmäßiger, sich wiederholender Vorgänge.	• Je me **lève** à 6 heures *tous les jours.*

	Futur Simple	Futur Antérieur
Vermutung, Annahme	Zum Ausdruck der Vermutung. Auch im Deutschen steht hier auch das Futur.	Zum Ausdruck der Vermutung, Annahme.
	• A cette heure Pierre ne **sera** pas au bureau. (Um diese Uhrzeit **wird** Pierre nicht im Büro **sein.**)	• J'**aurai** donc mal **compris.** (Ich **werde** wohl falsch **verstanden haben.**)

	Imparfait	Futur Simple	Conditionnel Présent
Höfliche Bitte	Zum Ausdruck der höflichen Bitte.	Zum Ausdruck der höflichen Bitte.	Zum Ausdruck der höflichen Bitte.
	• Je **voulais** vous prier de venir demain.	• Je vous **demanderai** de répondre tout de suite.	• Je **voudrais** bien avoir d'autres livres.

	Futur Simple	
Aufforderung, Befehl	Zum Ausdruck einer Aufforderung, eines Befehls.	• Tu t'**assiéras** là. (Du **setzt** dich dorthin.)
Verbot, Gebot	Zum Ausdruck eines Verbots oder Gebots.	• Tu ne **tueras** pas. (Du **sollst** nicht **töten.**)
Absicht	Zum Ausdruck der Absicht, des Plans.	• Je **viendrai** certainement.

Das Passiv (le passif)

Im Passiv vollzieht sich ein Vorgang am Subjekt, d. h. das Subjekt des Satzes ist nicht selbst der Handelnde, sondern der „Leidende". Daher wird das Passiv auch Leideform genannt.
Im Aktiv (l'actif) ist das Subjekt der Handelnde, es führt eine Handlung selbst aus (Tätigkeits-, Tatform).

Das Passiv wird aus **être** + participe passé gebildet, d. h. steht das Prädikat des Aktivsatzes zum Beispiel im présent, so steht **être** im Passivsatz ebenfalls im présent und das participe passé des Vollverbs wird hinzugefügt.
Das direkte Objekt des Aktivsatzes wird zum Subjekt des Passivsatzes. Es können nur Verben, die ein direktes Objekt anschließen können (außer **obéir** und **pardonner**) das Passiv bilden. Es ist zu beachten, daß Verben, die im Deutschen ein direktes Objekt anschließen, im Französischen ein indirektes Objekt anschließen können und umgekehrt.
Der Urheber oder die Ursache der Handlung (le complément d'agent) wird meist mit **par** angeschlossen. Er wird weggelassen, wenn er unbekannt oder irrelevant ist.

	Subjekt	Prädikat	Direktes Objekt
Aktiv	**Le concierge**	**ouvre**	**la porte.**
Passiv	**La porte**	**est ouverte**	**par le concierge.**

Das participe passé richtet sich in Geschlecht und Zahl nach dem Subjekt des Passivsatzes, d. h. bei einem männlichen Subjekt bleibt das participe passé unverändert, bei mehreren erhält es ein **-s**. Bei einem weiblichen Subjekt erhält das participe passé ein **-e**, bei mehreren **-es**. Bei einem oder mehreren männlichen Subjekten und einem oder mehreren weiblichen Subjekten erhält das participe passé nur ein **-s**, selbst wenn nur ein männliches Subjekt unter mehreren weiblichen ist. Dies ist in der folgenden Konjugationstabelle durch **(e)s** dargestellt.

Subjekt/ Geschlecht	eine Person, Sache (1. - 3. Person Singular)	mehrere Personen, Sachen (1. - 3. Person Plural)
männlich	Pierre est aimé.	Pierre et Paul sont aimé**s**.
weiblich	Marie est aimé**e**.	Marie et Claire sont aimé**es**.
männlich und weiblich	-	Pierre et Marie sont aimé**s**.

Das Zustandspassiv (le passif-état)

Das Zustandspassiv bezeichnet einen Zustand und wird im Deutschen mit *sein* gebildet (sein-Passiv).

- La fenêtre **est ouverte** depuis 2 heures.
  (Das Fenster **ist** seit 2 Stunden **geöffnet.**)

Das Vorgangspassiv (le passif-action)

Das Vorgangspassiv bezeichnet einen Vorgang und wird im Deutschen mit *werden* gebildet (werden-Passiv).

- La fenêtre **est ouverte** par le concierge.
  (Das Fenster **wird** vom Hausmeister **geöffnet**.)

Im Gegensatz zum Deutschen haben Zustands- und Vorgangspassiv im Französischen dieselbe Form. Um welches Passiv es sich handelt, läßt sich meist aus dem Zusammenhang erkennen.

Im allgemeinen wird das Passiv im Französischen nicht so häufig verwendet wie im Deutschen. Daher bedient sich das Französische folgender Möglichkeiten zur Umschreibung des Passivs.

Aktiv

Das Aktiv ist dem oft schwerfälligen Passiv vorzuziehen.
Das Aktiv mit **on** wird besonders in der Umgangssprache oder wenn der Urheber, die Ursache der Handlung unbekannt oder irrelevant ist verwendet.

- Le concierge **ouvre** la porte.
  (La porte **est ouverte** par le concierge.)
- Là **on élargit** la rue.
  (Da **wird** die Straße **verbreitert**.)

Reflexive Verbform

Die reflexive Verbform steht besonders wenn der Urheber, die Ursache der Handlung unbekannt oder irrelevant ist oder wenn das Subjekt eine Sache (Sachsubjekt) ist.

- Cela ne **se fait** pas.
  (Das **tut man** nicht.)
- Ce livre **se vend** bien.
  (Dieses Buch **verkauft sich** gut.)

In der folgenden Tabelle ist die Umwandlung eines Aktivsatzes in den entsprechenden Passivsatz durch alle Zeiten anhand der 3. Person Singular dargestellt.
Zu jedem Satz ist die deutsche Übersetzung gegeben, wobei Normalschrift das Vorgangspassiv und Kursivschrift das Zustandspassiv bezeichnet.
Anschließend ist die Konjugation der passiven Formen durch sämtliche Personen dargestellt.

Aktiv und Passiv

Mod.	Zeit	Aktiv				
Ind.	Prés.	**Le concierge** Der Hausmeister		**ouvre** öffnet	**la porte.** die Tür.	
	Impar.	**Le concierge** Der Hausmeister		**ouvrait** öffnete	**la porte.** die Tür.	
	P. S.	**Le concierge** Der Hausmeister		**ouvrit** öffnete	**la porte.** die Tür.	
	P. C.	**Le concierge** Der Hausmeister	**a** hat	**ouvert**	**la porte.** die Tür	geöffnet.
	P. P.	**Le concierge** Der Hausmeister	**avait** hatte	**ouvert**	**la porte.** die Tür	geöffnet.
	P. A.	**Le concierge** Der Hausmeister	**eut** hatte	**ouvert**	**la porte.** die Tür	geöffnet.
	F. S.	**Le concierge** Der Hausmeister	wird	**ouvrira**	**la porte.** die Tür	öffnen.
	F. A.	**Le concierge** Der Hausmeister	**aura** wird	**ouvert**	**la porte.** die Tür	geöffnet haben.
	F. P.	**Le concierge** Der Hausmeister	**va** wird	**ouvrir**	**la porte.** die Tür	öffnen.
Con.	Prés.	**Le concierge** Der Hausmeister	würde	**ouvrirait**	**la porte.** die Tür	öffnen.
	Pas.	**Le concierge** Der Hausmeister	**aurait** würde	**ouvert**	**la porte.** die Tür	geöffnet haben.
Sub.	Prés.	**Le concierge** Der Hausmeister		**ouvre** öffne	**la porte.** die Tür.	
	Impar.	**Le concierge** Der Hausmeister		**ouvrît** öffnete	**la porte.** die Tür.	
	Pas.	**Le concierge** Der Hausmeister	**ait** habe	**ouvert**	**la porte.** die Tür	geöffnet.
	P. P.	**Le concierge** Der Hausmeister	**eût** hätte	**ouvert**	**la porte.** die Tür	geöffnet.

Passiv					
La porte	**est**		**ouverte**	**par le concierge.**	
Die Tür	wird			vom Hausmeister	geöffnet.
Die Tür	*ist*				*geöffnet.*
La porte	**était**		**ouverte**	**par le concierge.**	
Die Tür	wurde			vom Hausmeister	geöffnet.
Die Tür	*war*				*geöffnet.*
La porte	**fut**		**ouverte**	**par le concierge.**	
Die Tür	wurde			vom Hausmeister	geöffnet.
Die Tür	*war*				*geöffnet.*
La porte	**a**	**été**	**ouverte**	**par le concierge.**	
Die Tür	ist			vom Hausmeister	geöffnet worden.
Die Tür	*ist*				*geöffnet gewesen.*
La porte	**avait**	**été**	**ouverte**	**par le concierge.**	
Die Tür	war			vom Hausmeister	geöffnet worden.
Die Tür	*war*				*geöffnet gewesen.*
La porte	**eut**	**été**	**ouverte**	**par le concierge.**	
Die Tür	war			vom Hausmeister	geöffnet worden.
Die Tür	*war*				*geöffnet gewesen.*
La porte	**sera**		**ouverte**	**par le concierge.**	
Die Tür	wird			vom Hausmeister	geöffnet werden.
Die Tür	*wird*				*geöffnet sein.*
La porte	**aura**	**été**	**ouverte**	**par le concierge.**	
Die Tür	wird			vom Hausmeister	geöffnet worden sein.
Die Tür	*wird*				*geöffnet gewesen sein.*
La porte	**va**	**être**	**ouverte**	**par le concierge.**	
Die Tür	wird			vom Hausmeister	geöffnet werden.
Die Tür	*wird*				*geöffnet sein.*
La porte	**serait**		**ouverte**	**par le concierge.**	
Die Tür	würde			vom Hausmeister	geöffnet werden.
Die Tür	*würde*				*geöffnet sein.*
La porte	**aurait**	**été**	**ouverte**	**par le concierge.**	
Die Tür	würde			vom Hausmeister	geöffnet worden sein.
Die Tür	*würde*				*geöffnet gewesen sein.*
La porte	**soit**		**ouverte**	**par le concierge.**	
Die Tür	werde			vom Hausmeister	geöffnet.
Die Tür	*sei*				*geöffnet.*
La porte	**fût**		**ouverte**	**par le concierge.**	
Die Tür	würde			vom Hausmeister	geöffnet.
Die Tür	*wäre*				*geöffnet.*
La porte	**ait**	**été**	**ouverte**	**par le concierge.**	
Die Tür	sei			vom Hausmeister	geöffnet worden.
Die Tür	*sei*				*geöffnet gewesen.*
La porte	**eût**	**été**	**ouverte**	**par le concierge.**	
Die Tür	wäre			vom Hausmeister	geöffnet worden.
Die Tür	*wäre*				*geöffnet gewesen.*

Die Konjugation passiver Formen

Mod.	Zeit	1. Person Singular	2. Person Singular	3. Person Singular
Ind.	Prés.	je **suis** aim*é(e)*	tu **es** aim*é(e)*	il (elle) **est** aim*é(e)*
	Impar.	j' **étais** aim*é(e)*	tu **étais** aim*é(e)*	il (elle) **était** aim*é(e)*
	P. S.	je **fus** aim*é(e)*	tu **fus** aim*é(e)*	il (elle) **fut** aim*é(e)*
	P. C.	j' *ai* **été** aim*é(e)*	tu *as* **été** aim*é(e)*	il (elle) *a* **été** aim*é(e)*
	P. P.	j' *avais* **été** aim*é(e)*	tu *avais* **été** aim*é(e)*	il (elle) *avait* **été** aim*é(e)*
	P. A.	j' *eus* **été** aim*é(e)*	tu *eus* **été** aim*é(e)*	il (elle) *eut* **été** aim*é(e)*
	F. S.	je **serai** aim*é(e)*	tu **seras** aim*é(e)*	il (elle) **sera** aim*é(e)*
	F. A.	j' *aurai* **été** aim*é(e)*	tu *auras* **été** aim*é(e)*	il (elle) *aura* **été** aim*é(e)*
	F. P.	je *vais* **être** aim*é(e)*	tu *vas* **être** aim*é(e)*	il (elle) *va* **être** aim*é(e)*
Con.	Prés.	je **serais** aim*é(e)*	tu **serais** aim*é(e)*	il (elle) **serait** aim*é(e)*
	Pas.	j' *aurais* **été** aim*é(e)*	tu *aurais* **été** aim*é(e)*	il (elle) *aurait* **été** aim*é(e)*
Sub.	Prés.	je **sois** aim*é(e)*	tu **sois** aim*é(e)*	il (elle) **soit** aim*é(e)*
	Impar.	je **fusse** aim*é(e)*	tu **fusses** aim*é(e)*	il (elle) **fût** aim*é(e)*
	Pas.	j' *aie* **été** aim*é(e)*	tu *aies* **été** aim*é(e)*	il (elle) *ait* **été** aim*é(e)*
	P. P.	j' *eusse* **été** aim*é(e)*	tu *eusses* **été** aim*é(e)*	il (elle) *eût* **été** aim*é(e)*
Imp.	Prés.		**sois** aim*é(e)*	
	Pas.		-	
Inf.	Prés.	**être** aim*é*		
	Pas.	*avoir* **été** aim*é*		
Part.	Prés.	**étant** aim*é*		
	Pas.	aim*é*		
		ayant **été** aim*é*		
Gér.		-		

1. Person Plural			2. Person Plural			3. Person Plural		
n.	**sommes**	aimé*(e)s*	v.	**êtes**	aimé*(e)s*	ils (elles)	**sont**	aimé*(e)s*
n.	**étions**	aimé*(e)s*	v.	**étiez**	aimé*(e)s*	ils (elles)	**étaient**	aimé*(e)s*
n.	**fûmes**	aimé*(e)s*	v.	**fûtes**	aimé*(e)s*	ils (elles)	**furent**	aimé*(e)s*
n. *avons*	**été**	aimé*(e)s*	v. *avez*	**été**	aimé*(e)s*	ils (elles) *ont*	**été**	aimé*(e)s*
n. *avions*	**été**	aimé*(e)s*	v. *aviez*	**été**	aimé*(e)s*	ils (elles) *avaient*	**été**	aimé*(e)s*
n. *eûmes*	**été**	aimé*(e)s*	v. *eûtes*	**été**	aimé*(e)s*	ils (elles) *eurent*	**été**	aimé*(e)s*
n.	**serons**	aimé*(e)s*	v.	**serez**	aimé*(e)s*	ils (elles)	**seront**	aimé*(e)s*
n. *aurons*	**été**	aimé*(e)s*	v. *aurez*	**été**	aimé*(e)s*	ils (elles) *auront*	**été**	aimé*(e)s*
n. *allons*	**être**	aimé*(e)s*	v. *allez*	**être**	aimé*(e)s*	ils (elles) *vont*	**être**	aimé*(e)s*
n.	**serions**	aimé*(e)s*	v.	**seriez**	aimé*(e)s*	ils (elles)	**seraient**	aimé*(e)s*
n. *aurions*	**été**	aimé*(e)s*	v. *auriez*	**été**	aimé*(e)s*	ils (elles) *auraient*	**été**	aimé*(e)s*
n.	**soyons**	aimé*(e)s*	v.	**soyez**	aimé*(e)s*	ils (elles)	**soient**	aimé*(e)s*
n.	**fussions**	aimé*(e)s*	v.	**fussiez**	aimé*(e)s*	ils (elles)	**fussent**	aimé*(e)s*
n. *ayons*	**été**	aimé*(e)s*	v. *ayez*	**été**	aimé*(e)s*	ils (elles) *aient*	**été**	aimé*(e)s*
n. *eussions*	**été**	aimé*(e)s*	v. *eussiez*	**été**	aimé*(e)s*	ils (elles) *eussent*	**été**	aimé*(e)s*
	soyons	aimé*(e)s*		**soyez**	aimé*(e)s*			
		-			-			

Die indirekte Rede (le discours indirect)

In der indirekten Rede werden Aussagen einer Person A durch eine Person B an eine dritte Person C weitergegeben.

Bei der Umwandlung der direkten in die indirekte Rede sind, neben der unten aufgeführten Veränderung der Zeiten, die folgenden Veränderungen zu beachten.

	Direkte Rede	Indirekte Rede
Einleitung	Die direkte Rede wird durch Doppelpunkt eingeleitet und in Anführungszeichen gesetzt.	Die indirekte Rede wird nicht durch Doppelpunkt und Anführungszeichen gekennzeichnet. Sie wird durch ein Verb des Sagens und Denkens (**dire**, **penser, demander, répondre** etc.) und folgendes **que** eingeleitet, das nicht durch Komma vom einleitenden Satz abgetrennt werden darf.
	• Il dit: «Je lis ce livre.» • Il dit: «J'écris une lettre.»	• **Il dit qu**'il lit ce livre. • **Il dit qu**'il écrit une lettre.
Personenangaben	Die Änderung von Personenangaben hängt letztendlich davon ab, wer eine Aussage an wen weitergibt. Im allgemeinen werden die Personenangaben, die • den **Sprecher** betreffen, • den **Angesprochenen** betreffen, • eine **dritte Person** betreffen wie in nebenstehender Spalte aufgeführt, geändert.	• **1. Person** (der Sprecher gibt seine eigenen Worte wieder) • **2. Person** • **3. Person**
	• *Je* dis: «**Je** lis ce livre.» • *Il* dit: «**Tu** dois garder le lit.» • *Tu* dis: «**Il** lit ce livre.»	• *Je* dis que **je** lis ce livre. • *Il* dit que **tu** dois garder le lit. • *Tu* dis qu'**il** lit ce livre.
Zeitangaben, Ortsangaben	Die folgenden Zeit- und Ortsangaben ändern sich wie in nebenstehender Spalte aufgeführt.	Orts- und Zeitangaben, die an demselben Ort, zur selben Zeit wiedergegeben werden, bleiben unverändert.

	Direkte Rede	Indirekte Rede
	• **aujourd'hui** • **ce matin, soir** • **demain** • **après-demain** • **hier** (**matin** etc.) • **avant-hier** • **lundi** etc. • **la semaine, l'année...prochaine** • **la semaine, l'année...dernière** • **ici**	• **ce jour-là** • **ce matin-là, ce soir-là** • **le lendemain** • **le surlendemain** • **la veille (au matin** etc.) • **l'avant-veille** • **le lundi** etc. **suivant** • **la semaine, l'année...suivante,** • **la semaine, l'année...d'après** • **la semaine...précédente,** • **la semaine...d'avant** • **là-bas**
	• Il dit: «Je lirai ce livre **demain.**» • Il dit: «Il l'a rencontré **ici** (à Paris).»	• Il dit qu'il lira ce livre **le lendemain.** • Il dit qu'il l'a rencontré **là-bas** (et voilà nous sommes à Lyon). • Il dit qu'il l'a rencontré **ici** (à Paris).
Fragesätze	Fragesätze in der direkten Rede (direkte Fragesätze) werden mit Fragezeichen abgeschlossen.	Fragesätze in der indirekten Rede (indirekte Fragesätze) werden mit Punkt abgeschlossen und mit einem Verb wie **demander** etc. eingeleitet.
	• Il dit: «Pierre, as-tu fait tes devoirs**?** »	• Il **demande** à Pierre s'il a fait ses devoirs**.**
Entscheidungsfragen		Indirekte Entscheidungsfragen werden durch **si** eingeleitet.
	• Il dit: «**Est-ce que tu as fait tes devoirs?**»	• Il demande à Pierre **s'il a fait ses devoirs.**
Fragen mit Fragewort		Indirekte Fragesätze werden mit dem Fragewort des direkten Fragesatzes eingeleitet und durch Inversion von Subjekt und Verb gebildet, d. h. das Subjekt tritt hinter das Verb.
	• Il dit: «**Où est Marie?** » • Il dit: «**Que fait Jean?** »	• Il demande **où est Marie.** • Il demande **que fait Jean.**

Die Zeitenfolge in der indirekten Rede

Bei der Umwandlung der direkten Rede in die indirekte Rede ändert sich ihre Zeit nur, wenn der Einführungssatz in einer Zeit der Vergangenheit (z. B. passé composé, plus-que-parfait etc.) steht. Steht der Einführungssatz in einer Zeit der Gegenwart (z. B. présent, futur etc.), wird in der indirekten Rede dieselbe Zeit verwendet wie in der direkten Rede.

Im Gegensatz zum Französischen, wo in der indirekten Rede die Zeiten umgewandelt werden, wird im Deutschen häufig der Konjunktiv verwendet, was gewisse Kenntnisse der deutschen Grammatik voraussetzt.
Um den deutschen Konjunktiv zu umgehen, kann in der indirekten Rede dieselbe Zeit verwendet werden wie in der direkten Rede. Die indirekte Rede muß dann allerdings mit *daß* eingeleitet werden, fehlt *daß*, muß der Konjunktiv stehen.

Die folgende Übersicht zeigt die Umwandlung der Zeiten. Zur Veranschaulichung ist zum ersten Beispielsatz die deutsche Übersetzung gegeben.

Direkte Rede	Einführungssatz in der Vergangenheit	Indirekte Rede
Présent		**Imparfait**
<<Je **lis** le livre.>> <<Ich **lese** das Buch.>>	Il a dit qu' Er hat gesagt, **daß**	il **lisait** le livre. er das Buch **liest.**
Imparfait		**Imparfait**
<<Je **lisais** le livre.>>	Il a dit qu'	il **lisait** le livre.
Passé Simple		**Plus-que-parfait**
<<Je **lus** le livre.>>	Il a dit qu'	il **avait lu** le livre.
Passé Composé		**Plus-que-parfait**
<<J'**ai lu** le livre.>>	Il a dit qu'	il **avait lu** le livre.
Plus-que-parfait		**Plus-que-parfait**
<<J'**avais lu** le livre.>>	Il a dit qu'	il **avait lu** le livre.

Direkte Rede	Einführungssatz in der Vergangenheit	Indirekte Rede
Passé Antérieur		**Plus-que-parfait**
«J'**eus lu** le livre.»	Il a dit qu'	il **avait lu** le livre.
Futur Simple		**Conditionnel Présent**
«Je **lirai** le livre.»	Il a dit qu'	il **lirait** le livre.
Futur Antérieur		**Conditionnel Passé**
«J'**aurai lu** le livre.»	Il a dit qu'	il **aurait lu** le livre.
Futur Proche		**Imparfait von aller + Infinitiv**
«Je **vais lire** le livre.»	Il a dit qu'	il **allait lire** le livre.
Conditionnel Présent		**Conditionnel Présent**
«Je **lirais** le livre.»	Il a dit qu'	il **lirait** le livre.
Conditionnel Passé		**Conditionnel Passé**
«J'**aurais lu** le livre.»	Il a dit qu'	il **aurait lu** le livre.
Impérative Présent		**Infinitif + de, Subjonctif Présent**
«**Lis le livre.**»	Il lui a dit Il lui a dit qu'	**de lire** le livre. il **lise** le livre.

Das Konditional (le conditionnel)

Das Konditional bezeichnet als Zeit einen Vorgang, der von der Vergangenheit aus gesehen, in der Zukunft stattfindet bzw. abgeschlossen sein wird.
Als Modus drückt es die folgenden Sachverhalte aus oder steht im Bedingungssatz.

Wunsch

Zum Ausdruck des höflich geäußerten Wunsches.

- Je **voudrais** bien avoir deux livres.
  (Ich **hätte gerne** zwei Bücher.)

Höfliche Bitte, höfliche Aufforderung

Zum Ausdruck der höflichen Bitte bzw. der höflichen Aufforderung.

- **Pourriez**-vous me donner ce livre?
  (**Könnten** Sie mir dieses Buch geben?)

Möglichkeit

Zum Ausdruck der Möglichkeit in zweifelnden Fragen oder solchen, die mit Entrüstung zurückgewiesen werden.
Im Deutschen wird dies oft mit *soll, sollte* übersetzt.

- **Aurait**-elle raison?
  (**Sollte** sie recht haben?)
- **Serait**-elle déjà **arrivée**?
- Quoi? J'**aurais dit** ça?
  (Was? - Ich **soll(te)** das **gesagt haben**?)

Information vom Hörensagen

Zum Ausdruck von Informationen, die man vom Hörensagen kennt oder zum Ausdruck unbestätigter Meldungen.
Dies ist ein wichtiges Stilmittel der Medien.
Im Deutschen wird dies oft mit *sollen* ausgedrückt.

- Un accident de chemin de fer s'est produit hier. Il y **aurait** plus de 50 morts.
  (Gestern hat sich ein Eisenbahnunglück ereignet. Es **soll** mehr als 50 Tote **gegeben haben.**)
- Le président **aurait** l'intention de démissionner.
  (Der Präsident **soll** die Absicht **haben** zurückzutreten.)

Unwahrscheinlichkeit, Unwirklichkeit

Zum Ausdruck der Unwahrscheinlichkeit, Unwirklichkeit steht es vor allem in Verbindung mit Bedingungssätzen.
Dabei ist zu beachten, daß im Bedingungssatz nach **si** (wenn, falls) kein futur oder conditionnel stehen darf, nach **si** (ob) im indirekten Fragesatz, kann das futur oder conditionnel stehen.

- Sans toi, je **serais** perdu.
  (Ohne dich **wäre** ich verloren.)
- Je *lirais* ce livre *si* j'**avais** assez de temps.
  (Ich *würde* das Buch *lesen, wenn* ich genug Zeit **hätte**.)
- Il m'a demandé *si* tu **viendrais**.
  (Er hat mich gefragt, ***ob*** du **kommen würdest**.)

Die Zeitenfolge im Bedingungssatz

Bei der Formulierung von Bedingungssätzen ist die Zeitenfolge zu beachten. Die folgende Übersicht stellt die wichtigsten Zeitenfolgen dar. Je nach Sinn sind auch andere Zeitenfolgen möglich.
Im Deutschen steht im Bedingungssatz häufig der Konjunktiv. Daher ist zu jedem der folgenden Beispielsätze als Anhaltspunkt für die Verwendung des deutschen Konjunktivs die deutsche Übersetzung gegeben.

Hauptsatz		Bedingungssatz (Si-Satz, Nebensatz)
Realis (die Bedingung ist erfüllbar)		
Futur Simple		**Présent**
Je **serai** heureux	si	vous **venez** demain.
Ich **bin** glücklich,	wenn	ihr morgen **kommt**.
Irrealis der Gegenwart (die Erfüllung der Bedingung ist unwahrscheinlich)		
Conditionnel Présent		**Imparfait**
Je **serais** heureux	si	vous **veniez** demain.
Ich **wäre** glücklich,	wenn	ihr morgen **kämt**.
Statt des oft ungebräuchlichen Konjunktivs, wird hier im Deutschen oft die Umschreibung mit der würde-Form verwendet.		
Conditionnel Présent		**Imparfait**
Il **passerait** l'examen	s'	il **étudiait**.
Er **würde** die Prüfung **bestehen**,	wenn	er **lernen würde**.
(Er **bestünde** die Prüfung,	wenn	er **lernte**.)
Irrealis der Vergangenheit (die Bedingung bleibt unerfüllt)		
Conditionnel Passé		**Plus-que-parfait**
J'**aurais été** heureux	si	vous **étiez venus**.
Ich **wäre** glücklich **gewesen**,	wenn	ihr **gekommen wärt**.

Der Subjonctif

Der subjonctif (Möglichkeitsform) ist der Modus, mit dem ein Vorgang oder Zustand als nicht wirklich, sondern als erwünscht, vorgestellt oder notwendig dargestellt wird.
Der indicatif (Wirklichkeitsform) ist der Modus, mit dem ein Vorgang oder Zustand als tatsächlich oder wirklich dargestellt wird. Diese Wirklichkeit muß nicht objektiv, sie kann auch subjektiv sein, d. h. für den Sprecher gilt diese Wirklichkeit als sicher oder erwiesen.
Der französische subjonctif ist nicht zu verwechseln mit dem deutschen Konjunktiv, der vor allem in der indirekten Rede und im Bedingungssatz verwendet wird, im Französischen steht hier der Indikativ.

Das Französische kennt den subjonctif présent, subjonctif imparfait, subjonctif passé und den subjonctif plus-que-parfait. Subjonctif imparfait und subjonctif plus-que-parfait werden nur in der gehobenen Schriftsprache verwendet, subjonctif présent bzw. subjonctif passé dienen zum Ausdruck gleich- und nachzeitig bzw. vorzeitig stattfindender Vorgänge. Die genaue Zeitenfolge in Sätzen mit dem subjonctif ist in einem Schaubild im Anschluß an die folgenden Ausführungen dargestellt. Die folgenden Ausführungen stellen die Verwendung des subjonctif im allgemeinen dar.

Der Subjonctif im Hauptsatz

Im Hauptsatz wird der subjonctif recht selten verwendet, er dient dann zum Ausdruck der folgenden Sachverhalte.

Wunschgedanke

Zum Ausdruck des Wunschgedankens steht der subjonctif ohne einleitendes **que** in einigen Redewendungen und mit einleitendem **que** zur Unterscheidung vom Indikativ.

- **Vive** la France.
  (Es **lebe** Frankreich.)
- Que nous **survivions** à cette catastrophe.
  (**Mögen** wir diese Katastrophe **überleben.**)

Befehl, Aufforderung

Zum Ausdruck des Befehls, der Aufforderung an die 3. Person steht der subjonctif mit **que**, da hierfür kein Imperativ vorhanden ist.

- Que personne ne **sorte.**
  (Niemand **verläßt** den Raum,
  Daß niemand den Raum **verläßt.**)

Ungewißheit

Zum Ausdruck der Ungewißheit in den Redewendungen **je ne sache pas que** (ich wüßte nicht, daß...), **(autant) que je sache** (soviel ich weiß), **pas que je sache** (nicht, daß ich wüßte).

- **Je ne sache personne** qui puisse faire cela.
- **Autant que je sache,** il est parti hier.

Der Subjonctif im Nebensatz

Der subjonctif steht hauptsächlich im Nebensatz nach einleitendem **que** und dient zum Ausdruck der folgenden Sachverhalte.

	Subjonctif	Kein Subjonctif
Wunsch, Verlangen	Zum Ausdruck des Wunsches, des Verlangens, vor allem nach: • **aimer mieux** • **exiger** • **j'aimerais** • **préférer** • **demander** • **prier** • **désirer** • **souhaiter** • **avoir envie** • **vouloir**	
	• Je *veux* que tu le **fasses.** • Je *désire* que tu **viennes** demain.	
Befehl, Aufforderung	Zum Ausdruck des Befehls, der Aufforderung, vor allem nach: • **commander** • **ordonner** • **nécessiter**	Nach **ordonner** kann auch das futur oder conditionnel stehen.
	• Le juge a *ordonné* que l'accusé **soit entendu** encore une fois.	• Le juge a *ordonné* que l'accusé **sera entendu** encore une fois. • Le juge a *ordonné* que l'accusé **serait entendu** encore une fois.
Verben des Sagens und Denkens	Nach den folgenden Verben des Sagens und Denkens, steht der subjonctif: 1. im verneinten Satz grundsätzlich besonders wenn das Verb des einleitenden Satzes in der 1. Person Singular, Plural des présent steht 2. im Fragesatz, vor allem in der Inversionsfrage der gehobenen Sprache	Nach den folgenden Verben des Sagens und Denkens, steht der indicatif: 1. in der Regel im bejahten Satz 2. im verneinten Satz, wenn im que-Satz die Zukunft oder eine Tatsache ausgedrückt werden soll 3. im Fragesatz, vor allem in der Intonationsfrage und der Frage mit **est-ce que** 4. unabhängig von der Satzart, wenn diese Verben eine indirekte Rede einleiten

	Subjonctif	Kein Subjonctif
	• **affirmer** • **assurer** • **être d'avis** • **avouer** • **être certain** • **constater** • **être convaincu** • **croire** • **déclarer** • **dire** • **écrire** • **espérer** • **estimer** • **(s')imaginer** • **juger** • **jurer** • **penser** • **prétendre** • **se rappeler** • **reconnaître** • **se souvenir** • **être sûr** • **trouver**	• **affirmer** • **assurer** • **être d'avis** • **avouer** • **être certain** • **constater** • **être convaincu** • **croire** • **déclarer** • **dire** • **écrire** • **espérer** • **estimer** • **(s')imaginer** • **juger** • **jurer** • **penser** • **prétendre** • **se rappeler** • **reconnaître** • **se souvenir** • **être sûr** • **trouver**
	• Je *ne crois pas* qu'il **vienne.** • *Crois-tu* qu'il le **fasse**?	• Je *crois* qu'il **dit** la vérité. • Je *ne crois pas* qu'il **viendra.** • Tu *crois* qu'il le **fait**? • *Est-ce que tu crois* qu'il le **fait**? • Je *n'ai pas dit* qu'il **était** là.
Entscheidung		Zum Ausdruck der Entscheidung, vor allem nach **décider** und **décréter** steht der indicatif oder das conditionnel.
		• Il *a décidé* que nous le **faisons.** • Il *a décidé* que nous le **ferions.**
Vorschlag, Empfehlung	Zum Ausdruck des Vorschlags, der Empfehlung, vor allem nach **proposer** und **recommander**. Ein que-Satz ist nur möglich, wenn Haupt- und Nebensatz verschiedene Subjekte haben.	Zum Ausdruck des Vorschlags, der Empfehlung steht der infinitif, wenn Haupt- und Nebensatz gleiche Subjekte haben.
	• *Je propose* que *nous* le **fassions** tout de suite.	• *Je propose* de le **faire** tout de suite.
Wissen		Zum Ausdruck des Wissens, der Sicherheit steht der indicatif. • **s'apercevoir** • **ignorer** • **réaliser** • **savoir**
		• Je *sais* qu'il **vient** demain. • J'*ai réalisé* qu'il **est** un homme généreux.

	Subjonctif	Kein Subjonctif
Annahme, Vermutung	Zum Ausdruck einer unwahrscheinlichen, willkürlichen Annahme.	Zum Ausdruck einer als sicher geltenden Annahme steht der indicatif.
	• *Supposez* que nous ne **passions** pas l'examen.	• Je *suppose* que tu **sais** qu'il a passé l'examen.
Zweifel	Zum Ausdruck des Zweifels, vor allem nach: • **contester** • **douter** • **il est douteux** • **nul doute** • **nier**	Zum Ausdruck des Zweifels steht der indicatif, vor allem nach den folgenden Verben, wenn sie verneint oder fragend verwendet werden. Dadurch gilt die Aussage als sicher oder wahrscheinlich. • **contester** • **douter** • **il n'y a pas de doute** • **il est hors de doute** • **il n'est pas douteux** • **nul doute** • **nier**
	• Je *doute* qu'il **vienne.** • Personne ne *conteste* que vous **ayez** raison.	• Je *ne doute pas* qu'il **vient.** • *Personne ne contestera* que vous **avez** raison.
Erlaubnis, Zustimmung	Zum Ausdruck der Erlaubnis, der Zustimmung. Ein que-Satz ist nur möglich, wenn Haupt- und Nebensatz verschiedene Subjekte haben. • **accepter** • **supporter** • **être d'accord** • **tolérer** • **permettre**	Zum Ausdruck der Erlaubnis, Zustimmung steht der infinitif, wenn Haupt- und Nebensatz gleiche Subjekte haben. • **accepter** • **supporter** • **être d'accord** • **tolérer** • **permettre**
	• J'*accepte* que tu le **revoies.** • Je *permets* que tu **ailles** au cinéma.	• J'*accepte* de le **revoir.** • Je *suis d'accord* de le **faire** encore une fois.
Verbot	Zum Ausdruck des Verbots und vor allem nach **défendre** und **interdire.**	
	• Je *défends* que tu **ailles** au cinéma.	

	Subjonctif	Kein Subjonctif
Ablehnung, Verhinderung	Zum Ausdruck der Ablehnung, Verhinderung. Ein que-Satz ist nur möglich, wenn Haupt- und Nebensatz verschiedene Subjekte haben. • **empêcher** • **s'opposer à ce que** • **éviter** • **refuser**	Zum Ausdruck der Ablehnung, Verhinderung steht der infinitif, wenn Haupt- und Nebensatz gleiche Subjekte haben. • **empêcher** • **s'opposer à ce que** • **éviter** • **refuser**
	• *Évite* qu'on ne t'y **voie.** • *Je refuse* que *tu* le **revoies.**	• *Évitez* de **faire** la même faute encore une fois. • Je *refuse* de le **revoir.**
Gefühl, persönliches Empfinden	Zum Ausdruck des persönlichen Gefühls, Empfindens. Die mit * gekennzeichneten Verben leiten den folgenden Nebensatz mit **de ce que** ein. • **admirer** • **s'inquiéter*** • **adorer** • **avoir peur** • **aimer** • **se plaindre*** • **craindre** • **redouter** • **déplorer** • **regretter** • **s'étonner*** • **se réjouir*** • **avoir honte***	Nach den Verben des persönlichen Gefühls, Empfindens, auf die **de ce que** folgt, kann der indicatif stehen. • **s'étonner** • **se plaindre** • **avoir honte** • **se réjouir** • **s'inquiéter**
	• Je *regrette* que vous **soyez venus.** • Il *se plaint de ce que* je ne le **comprenne** pas.	• Il *se plaint de ce que* je ne le **comprends** pas.
	Zum Ausdruck des persönlichen Gefühls, Empfindens steht der subjonctif nach den folgenden Adjektiven mit vorangehendem **être**. Nach diesen Adjektiven kann statt **que** auch **de ce que** stehen. • **être content** • **être gêné** • **être désolé** • **être heureux** • **être enchanté** • **être satisfait** • **être étonné** • **être surpris** • **être fier** • **être triste**	Zum Ausdruck des persönlichen Gefühls, Empfindens steht der indicatif nach den folgenden Adjektiven mit vorangehendem **être**, wenn der folgende Nebensatz durch **de ce que** angeleitet wird. • **être content** • **être gêné** • **être désolé** • **être heureux** • **être enchanté** • **être satisfait** • **être étonné** • **être surpris** • **être fier** • **être triste**
	• Je *suis surpris* que tu **aies passé** l'examen. • Je *suis surpris de ce que* tu **aies passé** l'examen.	• Je *suis heureux de ce que* tu n'**as** pas **fait** cette faute encore une fois. • Je *suis surpris de ce que* tu **as passé** l'examen.

Unpersönliche Ausdrücke

Subjonctif	Kein Subjonctif
Nach den folgenden unpersönlichen Ausdrücken: • **il arrive** • **il (me) paraît** • **il convient** • **il se peut** • **il faut** • **il (me) semble** • **il faudrait** • **il suffit** • **il importe** • **il vaut mieux** • **peu importe** Nach **il (me) semble** und **il (me) paraît** steht der subjonctif im verneinten und fragenden Satz.	Nach den folgenden unpersönlichen Ausdrücken steht der indicatif in der Regel im bejahten Satz. • **il (me) semble** • **il (me) paraît**
• *Il importe* que vous **fassiez** vos devoirs toujours. • *Il vaut mieux* que tu **partes** tout de suite.	• *Il paraît* qu'ils **sont allés** en France. • *Il me semble* que la situation **est** mauvaise.
Nach den folgenden unpersönlichen Ausdrücken aus **il est** + Adjektiv steht der subjonctif: 1. in der Regel im verneinten Satz, 2. gelegentlich im Fragesatz. • **il est certain** • **il est probable** • **il est clair** • **il est sûr** • **il est évident** • **il est vrai** • **il est exact** • **il est vraisemblable**	Nach den folgenden unpersönlichen Ausdrücken aus **il est** + Adjektiv steht der indicatif: 1. in der Regel im bejahten Satz, 2. meist im Fragesatz. • **il est certain** • **il est probable** • **il est clair** • **il est sûr** • **il est évident** • **il est vrai** • **il est exact** • **il est vraisemblable**
• Il *n'est pas certain* qu'il **vienne**. • *Est-il vrai* qu'il **soit venu**?	• *Il est certain* qu'il **vient.** • *Est-il vrai* qu'il **est venu**?
Nach den folgenden unpersönlichen Ausdrücken aus **il est/c'est** + Adjektiv. • **il est agréable** • **il est (in)juste** • **il est bien, bon** • **il est mal** • **il est curieux** • **il est mauvais** • **il est étonnant** • **il est naturel** • **il est étrange** • **il est nécessaire** • **il est excellent** • **il est normal** • **il est faux** • **il est (im)possible** • **il est important** • **il est rare** • **il est improbable** • **il est terrible** • **il est intéressant** • **il est triste**	

	Subjonctif	Kein Subjonctif
	• *Il est étonnant* qu'il **ait pris** l'autobus. • *Il est possible* qu'il **soit venu.**	
	Nach den folgenden unpersönlichen Ausdrücken aus **cela** + Verb. • **cela m'amuse** • **cela m'inquiète** • **cela m'arrange** • **cela me plaît** • **cela me déplaît** • **cela me rassure** • **cela m'étonne** • **cela me surprend** • **cela me gêne**	
	• *Cela m'étonne* qu'il **ait pris** l'autobus. • *Cela me rassure* que tu **sois venu** ponctuellement.	
	Nach den folgenden unpersönlichen Ausdrücken aus **c'est** + Substantiv. • **c'est une chance** • **c'est une honte** • **c'est dommage** • **c'est un malheur**	
	• *C'est dommage* que tu ne **puisses** pas venir. • *C'est un malheur* qu'il **ait manqué** le train.	
Temporale Konjunktionen	Nach den temporalen Konjunktionen **jusqu'à ce que** und **avant que**.	Nach den meisten Konjunktionen steht der indicatif.
	• J'attends *jusqu'à ce que* vous **veniez.**	• Je ne sais pas *quand* le train **est parti.**
Finale Konjunktionen	Nach den finalen Konjunktionen **pour que** und **afin que**.	Bei gleichem Subjekt im Haupt- und Nebensatz steht statt **pour que** oder **afin que** nur **pour** oder **afin** + infinitif.
	• Dépêche-toi *pour que* tu **puisses** venir ponctuellement.	• Il se pressa *pour* **arriver** à temps.
Kausale Konjunktionen		Die kausalen Konjunktionen stehen mit dem indicatif.
		• Je ne peux pas venir *parce que* je **suis** malade.

	Subjonctif	Kein Subjonctif
Konsekutive Konjunktionen	Die folgenden konsekutiven Konjunktionen stehen zum Ausdruck der gewünschten Folge, Wirkung mit dem subjonctif. • **de façon que** • **de sorte que** • **de manière que**	Die folgenden konsekutiven Konjunktionen stehen zum Ausdruck der tatsächlichen Folge, Wirkung mit dem indicatif. • **de façon que** • **de sorte que** • **de manière que**
	• Lisez *de façon qu'*on **puisse** comprendre le texte.	• Il vit *de telle façon qu'*il **est** très estimé.
Konzessive Konjunktionen	Die folgenden konzessiven Konjunktionen, stehen mit dem subjonctif. • **quoique** • **malgré que** • **bien que**	Die folgenden konzessiven Konjunktionen stehen mit dem indicatif, **quand même** steht mit dem conditionnel. • **cependant** • **mais** • **quand même** • **sinon**
	• *Bien qu'*il le **sache**, il ne le fait pas.	• Je ne sais rien *sinon* qu'il **a manqué** le train.
Konditionale Konjunktionen	Die folgenden konditionalen Konjunktionen stehen mit dem subjonctif. • **en cas que** • **pourvu que** • **à condition que** • **supposé que**	Die konditionalen Konjunktionen **si** bzw. **au cas où** stehen mit dem indicatif bzw. conditionnel. Bei den mit **si** eingeleiteten Bedingungssätzen ist die Zeitenfolge zu beachten. • **si** • **au cas où**
	• *En cas qu'*il **pleuve** je ne peux pas venir.	• *Au cas où* il **pleuvait** je ne peux pas venir. • Je *serai* heureux *si* vous **venez** demain.
Modale Konjunktionen	Nach der modalen Konjunktion **sans que.**	Bei gleichem Subjekt im Haupt- und Nebensatz steht nur **sans** + infinitif.
	• Je ne peux pas parler *sans qu'*il m'**interrompe**.	• Je ne peux pas parler *sans* **être interrompu.**
Anreihende Konjunktionen	Die anreihende Konjunktion **soit ... soit** + Verb steht immer mit dem subjonctif.	Die anreihenden Konjunktionen stehen, außer **soit .. soit,** mit dem indicatif.
	• *Soit* qu'il **pleuve**, *soit* qu'il **fasse** beau, je viendrai de toute façon.	• Je lis un livre *et* toi, tu **écris** une lettre.

Die Zeitenfolge in Sätzen mit subjonctif

Die Zeit des subjonctif im que-Satz richtet sich danach, ob der Vorgang des que-Satzes vor dem des Hauptsatzes (Vorzeitigkeit) stattfindet und damit die Vergangenheit ausgedrückt wird, ob der Vorgang des que-Satzes gleichzeitig mit dem des Hauptsatzes (Gleichzeitigkeit) stattfindet und damit die Gegenwart ausgedrückt wird oder ob der Vorgang des que-Satzes nach dem des Hauptsatzes (Nachzeitigkeit) stattfindet und damit die Zukunft ausgedrückt wird.

Generell ist jedoch festzustellen, daß der subjonctif imparfait und der subjonctif plus-que-parfait nur in der gehobenen Schriftsprache vorkommen.

Hautpsatz	Vorzeitigkeit	Gleichzeitigkeit	Nachzeitigkeit
	Subjonctif Passé	**Subjonctif Présent**	**Subjonctif Présent**
Je **souhaite** que ...	... vous l'**ayez fait** *hier.*	... vous le **fassiez** *maintenant.*	... vous le **fassiez** *demain.*
	Subjonctif Passé, Subj. Plus-que-parf.	**Subjonctif Présent** Subjonctif Imparfait	**Subjonctif Présent** Subjonctif Imparfait
J'**ai souhaité** que..	... vous l'**ayez fait** *hier.* ... vous l'**eussiez fait** *hier.*	... vous le **fassiez** *maintenant.* ... vous le **fissiez** *maintenant.*	... vous le **fassiez** *demain.* ... vous le **fissiez** *demain.*

Der Imperativ (l'impératif)

Der Imperativ, die sogenannte Befehlsform, drückt einen Befehl, eine Aufforderung oder auch Bitte aus. Eine Aufforderung wird mit Punkt abgeschlossen. Es steht nur dann ein Ausrufezeichen, wenn die Aufforderung besonders hervorgehoben werden soll.

Der Imperativ kann nur in der 2. Person Singular und in der 1. und 2. Person Plural gebildet werden. Für die fehlenden Personen treten Ersatzformen ein.

Fehlende 1. Person Singular

Für die fehlende 1. Person kann die 1. Person Plural eintreten.

- Je me suis dit: **Soyons** raisonnable.

2. Person Singular, 1. und 2. Person Plural

Der Imperativ der 2. Person Singular und Plural dient der Aufforderung von einer bzw. mehreren Personen, die man duzt oder siezt (du, ihr oder Sie). Der Imperativ der 1. Person Plural richtet sich an eine Gruppe von Personen (wir).
Bei den Verben auf **-er** wird an den Imperativ vor **en** und **y** ein **-s** angehängt.

- **Lis** le texte.
  (**Lies** den Text.)
- **Lisons** le texte.
  (**Lesen wir** den Text.)
- **Lisez** le texte.
  (**Lest** den Text.)
  (**Lesen Sie** (eine oder mehrere Personen) den Text.)
- **Manges**-en.
- **Vas**-y.

Fehlende 3. Person Singular und Plural

Für die fehlende 3. Person Singular und Plural steht der subjonctif meist mit **que.**

- **Qu'il vienne.**
- **Qu'ils viennent.**

Der Infinitiv (l'infinitif)

Der Infinitiv ist die Grundform des Verbs und gehört zu den infiniten, nicht konjugierten Verbformen, die keine Personen- oder Zeitangabe beinhalten.
Der Infinitiv steht als reiner Infinitiv (ohne Präposition) oder mit einer Präposition, meist **à** oder **de**, nach bestimmten Verben, als Substantiv oder nach bestimmten Adjektiven.

Der Infinitiv nach bestimmten Verben

	Reiner Infinitiv	
Modalverben	Die Modalverben werden grundsätzlich ohne Präposition an den Infinitiv angeschlossen.	• *Voulez*-vous **ouvrir** la porte? • Elle *peut* **parler** français. • Elle *veut* **parler** avec lui.

	Infinitiv + **de**	Infinitiv + **à**
Reflexive Verben	Nach den folgenden reflexiven Verben, die ein indirektes Objekt + **de** anschließen können. Der Infinitiv kann nur stehen, wenn Haupt- und Nebensatz das gleiche Subjekt haben, bei verschiedenen Subjekten steht ein que-Satz. Es ist dann zu beachten, daß einige dieser Verben den subjonctif verlangen.	Nach den folgenden reflexiven Verben, die ein indirektes Objekt + **à** anschließen können.
	• **il s'agit** • **se garder** • **s'arrêter** • **s'inquiéter** • **se charger** • **s'occuper** • **se dépêcher** • **se plaindre** • **s'efforcer** • **se proposer** • **s'étonner** • **se réjouir** • **s'excuser** • **se souvenir**	• **s'amuser** • **se mettre** • **s'attendre** • **s'obstiner** • **se décider** • **se préparer** • **s'habituer** • **se refuser** • **s'intéresser** • **se résoudre**
	• Il *se plaint* **d'avoir** beaucoup de travail. • *Il se plaint* **de ce que** ***sa femme*** **a beaucoup de travail.**	• Je *me mets* **à écrire** cette lettre. • Je *m'habitue* **à parler** français. • Je *m'intéresse* **à apprendre** tout de ce cas.

	Infinitiv + **de**	Infinitiv + **à**
Transitive Verben	Nach den meisten transitiven Verben. Die mit * versehenen Verben stehen mit einem que-Satz, wenn Haupt- und Nebensatz nicht das gleiche Subjekt haben. Es ist zu beachten, daß einige dieser Verben den subjonctif verlangen. • **arrêter** • **finir** • **attendre*** • **jurer*** • **avertir** • **menacer** • **cesser** • **mériter** • **choisir** • **oublier*** • **commencer** • **plaindre** • **continuer** • **prier** • **craindre*** • **refuser** • **décider*** • **regretter*** • **empêcher** • **remercier** • **essayer** • **résoudre** • **éviter*** • **risquer** • **excuser** • **souhaiter*** • **exiger*** • **tâcher** • **féliciter** • **tenter**	Nach den folgenden transitiven Verben. • **apprendre** • **continuer** • **chercher** • **demander** • **commencer**
	• J'ai *oublié* ***de*** vous **donner** le livre. • *Il* a *oublié* **que *Marie* a déjà quitté le bureau.**	• J'ai *commencé* ***à*** **écrire** une lettre pour Pierre. • Je *continue* **à lire** ce livre.
	Nach den folgenden Verben, die ein indirektes Objekt mit **de** anschließen. Die Verben mit * können auch einen que-Satz anschließen. Es ist zu beachten, daß einige der Verben den subjonctif verlangen. • **avoir besoin** • **permettre*** • **avoir peur** • **parler** • **commander*** • **proposer*** • **conseiller*** • **rappeler*** • **défendre*** • **recommander*** • **demander*** • **refuser*** • **dire*** • **répondre*** • **interdire*** • **reprocher*** • **offrir*** • **rêver** • **ordonner*** • **souhaiter***	Nach den folgenden Verben, die ein indirektes Objekt mit **à** anschließen. • **aider** • **parvenir** • **arriver** • **penser** • **condamner** • **provoquer** • **consentir** • **renoncer** • **contribuer** • **réussir** • **décider** • **servir** • **hésiter** • **songer** • **inviter** • **tarder** • **obliger** • **tenir**

Infinitiv + **de**	Infinitiv + **à**
• Nous avons *parlé* **de passer** nos vacances en France. • *Il* ne *permet* pas **que *ses enfants* sèchent l'école.**	• N'*hésitez* pas **à** nous **contacter.** • J'ai *pensé* **à passer** mes vacances en France.

	Reiner Infinitiv	que-Satz
Verben des Sagens und Denkens	Nach den folgenden Verben des Sagens und Denkens, vor allem wenn Haupt- und Nebensatz das gleiche Subjekt haben.	Nach den folgenden Verben des Sagens und Denkens kann, vor allem in der Umgangssprache oder wenn Haupt- und Nebensatz verschiedene Subjekte haben, ein que-Satz stehen. Es ist zu beachten, daß einige der Verben den subjonctif verlangen.
	• affirmer **• assurer** **• avouer** **• croire** **• déclarer** **• dire** **• espérer** **• estimer** **• ignorer** **• s'imaginer** **• juger** **• penser** **• prétendre** **• reconnaître** **• soutenir**	**• affirmer** **• assurer** **• avouer** **• croire** **• déclarer** **• dire** **• espérer** **• estimer** **• ignorer** **• s'imaginer** **• juger** **• penser** **• prétendre** **• reconnaître** **• soutenir**
	• Il a *dit* l'**avoir** vu ce matin. • Ils *affirment* **avoir fait** cette faute.	• *Je crois* **qu'*il* dit la vérité.** • *Je* ne *crois* pas **qu'*il* vienne.**
Verben des (Nicht)Wünschens	Nach den folgenden Verben des (Nicht)Wünschens, wenn Haupt- und Nebensatz das gleiche Subjekt haben.	Nach den folgenden Verben des (Nicht)Wünschens, steht ein que-Satz, wenn Haupt- und Nebensatz verschiedene Subjekte haben. Es ist zu beachten, daß einige der Verben den subjonctif verlangen.
	• adorer **• aimer (mieux)** **• désirer** **• détester** **• préférer** **• souhaiter** **• vouloir (bien)**	**• adorer** **• aimer (mieux)** **• désirer** **• détester** **• préférer** **• souhaiter** **• vouloir (bien)**
	• J'*aimerais* **faire** un long voyage. • Elle *préfère* **aller** au cinéma.	• *J'aimerais* **que *tu* fasses un long voyage.**

Verben des (Veran)Lassens

Reiner Infinitiv	
Nach **faire, laisser** und **envoyer** steht der reine Infinitiv. Ein folgendes Objekt kann nicht zwischen **faire** und Infinitiv treten. Bei 2 Objekten steht das Personenobjekt nach dem Sachobjekt. Um Mißverständnisse zu vermeiden, kann das Personenobjekt mit **par** angeschlossen werden. Bei **envoyer** und **laisser** kann ein folgendes direktes Personenobjekt zwischen **envoyer, laisser** und Infinitiv treten.	• Il *fait* **entrer** Pierre. • Pierre *fait* **résumer** *la situation à Marie.* • Il *fait* **écrire** une lettre *à Pierre.* (Il demande qu'on écrive une lettre à Pierre.) • Il *fait* **écrire** une lettre *par Pierre.* (Il demande à Pierre d'écrire une lettre.) • Monsieur Laffont *envoie* Pierre **écrire** une lettre. • Le professeur *laisse* les élèves **lire** le texte.

Verben des Lehrens, Unterweisens

Infinitiv + **à**	
Nach den Verben des Lehrens, Unterweisens, vor allem nach **apprendre, enseigner**. Der Infinitiv steht meist vor dem indirekten Objekt, ist er länger als dieses, wird er nachgestellt.	• Marie lui a *appris* **à faire** du ski. • Monsieur Laffont a *appris* **à nager** *à son fils.* • Pierre a *appris à Marie* **à jouer aux cartes.**

Verben der Sinneswahrnehmung

Reiner Infinitiv	Relativsatz
Nach den folgenden Verben der Sinneswahrnehmung steht der reine Infinitiv oder **en train de** + Infinitiv. • **écouter** • **sentir** • **entendre** • **voir** • **regarder**	Nach den folgenden Verben der Sinneswahrnehmung kann ein Relativsatz stehen. • **écouter** • **sentir** • **entendre** • **voir** • **regarder**
• J'ai *vu* Marie **écrire** une lettre. • J'ai *vu* Marie **en train d'écrire** une lettre.	• J'ai *vu* Marie **qui écrivait une lettre.**

Verben der Bewegungs(richtung)

Reiner Infinitiv	Infinitiv + **pour**
Nach den folgenden Verben der Bewegung(srichtung) zum Ausdruck der Absicht.	Nach den folgenden Verben der Bewegung(srichtung) steht der Infinitiv + **pour** zur Hervorhebung und immer wenn der Infinitiv verneint ist.

Reiner Infinitiv		Infinitiv + **pour**	
• **accourir** • **aller** • **courir** • **descendre** • **monter**	• **passer** • **rentrer** • **retourner** • **sortir** • **venir**	• **accourir** • **courir** • **descendre** • **monter** • **passer**	• **rentrer** • **retourner** • **sortir** • **venir**
• Il est *descendu* **ouvrir** la porte. • Il *viendra* me **prendre** à huit heures.		• Il est *descendu* **pour ouvrir** la porte. • Il est *descendu* **pour *ne pas* ouvrir** la porte.	

Der Infinitiv als Substantiv

Der Infinitiv wird zum Substantiv, wenn ihm der bestimmte Artikel vorangestellt wird.

- Faites *les* **devoirs.**
- J'en avais *le* **pouvoir.**

Substantive mit dem Infinitiv + **à** geben den Zweck, die Bestimmung an.

- Monsieur Laffont et sa femme ont trois **salles à manger.**

Als Subjekt steht der reine Infinitiv am Satzanfang.

- **Promettre** et **tenir** sont deux choses.
- **Partir**, c'est mourir un peu.

Der Infinitiv nach bestimmten Adjektiven

Adjektive mit dem Infinitiv + **à** geben den Zweck, die Bestimmung an.

- Cette règle est *facile* **à comprendre.**
- Ce problème est *difficile* **à résoudre.**

Nach den Superlativen **le dernier, le premier** und **le seul** steht der Infinitiv + **à**.

- Il était *le dernier* **à venir.**
- Il était *le premier* **à venir.**

Der Infinitiv + **de** steht nach den Adjektiven des Gefühls, persönlichen Empfindens.

- Je suis *heureux* **de** vous **voir.**
- Je suis *sûr* **de réussir** à l'examen.

Das Gérondif

Das gérondif gehört zu den infiniten, nicht konjugierten Verbformen, die keine Personen- oder Zeitangabe beinhalten. Es ist stets unveränderlich und steht immer mit der Präposition **en**.

Es steht anstelle von Nebensätzen und stellt in dieser Funktion ein wichtiges Stilmittel der Satzverkürzung dar. Im Deutschen steht der entsprechende Nebensatz.

Das gérondif bezieht sich auf das Subjekt. (Das participe présent bezieht sich auf Wort, das ihm am nächsten steht.)

- **En sortant** de la maison, *j*'ai vu mon frère.
  (Ich habe meinen Bruder gesehen, als *ich* das Haus **verließ**.)
- J'ai vu *mon frère* **sortant** de la maison.
  (Ich habe *meinen Bruder* das Haus **verlassen** sehen.)

Das Gérondif anstelle von temporalen Nebensätzen

Anstelle von temporalen Nebensätzen steht das gérondif zum Ausdruck gleichzeitig verlaufender Vorgänge.
Zum Ausdruck eines weiter fortschreitenden Vorgangs folgt das gérondif auf **aller**.

- Il lisait **en mangeant.**
  (Er las **beim Essen**.)
- Le mal *allait* **en empirant** d'heure en heure.
  (Das Unglück **wurde** stündlich **schlimmer**.)

Das Gérondif anstelle von kausalen Nebensätzen

Das gérondif kann anstelle kausaler Nebensätze stehen.

- **En voyant** le danger, le chauffeur ralentit.
  (**Da** er die Gefahr **erkannte**, bremste der Fahrer.)

Das Gérondif anstelle von konzessiven Nebensätzen

Das gérondif steht anstelle von konzessiven Nebensätzen.

- Vous n'êtes pas venus, tout **en sachant** que je vous attendais.
  (Sie sind nicht gekommen**, obwohl Sie wußten**, daß ich Sie erwartete.)

Das Gérondif anstelle von konditionalen Nebensätzen

Das gérondif kann anstelle konditionaler Nebensätze stehen.

- **En passant** cette rue, vous arrivez à la rue Tour Eiffel.
  (**Wenn Sie** diese Straße **weitergehen,** erreichen Sie die Straße 'Tour Eiffel'.)

Das Gérondif anstelle von modalen Nebensätzen

Das gérondif kann auch anstelle von modalen Nebensätzen stehen.

- Il arriva **en courant.**
  (Er kam **rennend** an.)

Die Partizipien (les participes)

Die Partizipien gehören zu den infiniten, nicht konjugierten Verbformen, die keine Personen- oder Zeitangabe beinhalten.

Das Partizip Präsens (le participe présent)

Das participe présent steht vor allem in der Funktion eines Adjektivs, des sogenannten Verbaladjektivs (adjectif verbal).

- Une femme **aimante.**
  (Eine **liebende** Frau.)

Das participe présent richtet sich in dieser Funktion in Geschlecht und Zahl nach dem Substantiv, auf das es sich bezieht, d. h. bezieht es sich auf ein männliches Substantiv, bleibt es unverändert, bezieht es sich auf mehrere erhält es ein **-s**. Bezieht sich das participe présent auf ein weibliches Substantiv erhält es ein **-e**, bezieht es sich auf mehrere erhält es **-es**. Bezieht sich das participe présent auf ein, mehrere männliche und ein, mehrere weibliche Substantive erhält es nur ein **-s**, selbst wenn nur ein männliches Substantiv unter mehreren weiblichen ist.

Genus/ Bezugswort	ein Substantiv	mehrere Substantive
männlich	un homme **aimant**	des hommes **aimants**
weiblich	une femme **aimante**	des femmes **aimantes**
männlich und weiblich	un homme et une femme **aimants**	des hommes et des femmes **aimants**

Das Partizip Perfekt (le participe passé)

Das participe passé steht in der Funktion eines Verbs und dient zur Bildung der zusammengesetzten Zeiten und des Passivs.

- Un homme *a* **acheté** cette voiture.
- La porte *est* **ouverte** par le concierge.

Das participe passé richtet sich bei den mit **être** konjugierten Verben in Geschlecht und Zahl nach dem Subjekt, d. h. bei einem männlichen Subjekt bleibt das participe passé unverändert, bei mehreren erhält es ein **-s**. Bei einem weiblichen Subjekt erhält das participe passé ein **-e**, bei mehreren **-es**. Bei einem, mehreren männlichen und weiblichen Subjekten erhält das participe passé nur ein **-s**, selbst wenn nur ein männliches Subjekt unter mehreren weiblichen ist.

Subjekt/ Geschlecht	eine Person, Sache (1. - 3. Person Singular)	mehrere Personen, Sachen (1. - 3. Person Plural)
männlich	Paul est **arrivé**.	Paul et Pierre sont **arrivés**.
weiblich	Marie est **arrivée**.	Marie et Claire sont **arrivées**.
männlich und weiblich	-	Paul et Marie sont **arrivés**.

Bei den mit **avoir** konjugierten Verben ist es meist unveränderlich. In den im folgenden aufgeführten Fällen richtet es sich jedoch ebenfalls in Geschlecht und Zahl nach dem Substantiv, auf das es sich bezieht.

Das participe passé steht auch in der Funktion eines Adjektivs.
In dieser Funktion richtet es sich wie das participe présent nach dem Wort, auf das es sich bezieht.

- Elle a pensé à *son mari* **aimé.**
  (Sie hat an ihren **geliebten** *Mann* gedacht.)
- Il a pensé à *sa femme* **aimée.**
- Il a pensé à *sa femme et sa fille* **aimées.**
- Il a pensé à *sa femme et son fils* **aimés.**

Die Partizipien anstelle von Nebensätzen

Neben den oben aufgeführten Funktionen können die Partizipien auch anstelle von Nebensätzen stehen und stellen in dieser Funktion ein wichtiges Stilmittel der Satzverkürzung dar.
Im Deutschen steht der entsprechende Nebensatz.

Das participe présent bezieht sich auf das Wort, das ihm am nächsten steht. (Das gérondif bezieht sich auf das Subjekt (in nebenstehendem Beispiel **je**).

- J'ai vu *mon frère* **sortant** de la maison.
  (Ich habe *meinen Bruder* aus dem Haus **kommen** sehen.)
- **En sortant** de la maison, *j'*ai vu mon frère.
  (Ich habe meinen Bruder gesehen, als *ich* aus dem Haus **kam**.)

Die Partizipien anstelle von temporalen Nebensätzen

Anstelle von temporalen Nebensätzen steht das participe présent zum Ausdruck zweier gleichzeitig verlaufender Vorgänge.
Das participe passé steht zum Ausdruck aufeinanderfolgender Vorgänge.

- **Apprenant** le vocabulaire, il mangeait.
  (**Beim Lernen** der Vokabeln, aß er.)
- **Sorti** de la maison, j'ai vu Marie.
  (**Als ich** aus dem Haus **kam**, habe ich Marie gesehen.)

Die Partizipien anstelle von kausalen Nebensätzen

Participe présent und participe passé stehen anstelle von kausalen Nebensätzen. Das participe passé eines Verbs, das mit einem Objekt verbunden ist, steht mit **ayant.**

- **Voyant** qu'il ne viendrait pas, je n'ai pas attendu plus longtemps.
  (**Da ich sah**, daß er nicht mehr kommen würde, habe ich nicht länger gewartet.)
- **Ayant perdu** *sa clé* Pierre a passé la nuit chez nous.

Die Partizipien anstelle von Relativsätzen

Die Partizipien stehen anstelle von Relativsätzen. Das participe présent steht hier vor allem in Annoncen, Zeitungsberichten, der Behördensprache oder in der gehobenen Schriftsprache, um einen weiteren Relativsatz mit **qui** zu vermeiden.

- Les personnes **sorties** les premières n'ont rien remarqué.
  (Die Personen, **die** zuerst **gegangen waren**, haben nichts bemerkt.)
- Jeune homme, **ayant** fait de bonnes études, cherche situation.

Das Participe Présent anstelle konzessiver Nebensätze

Das participe présent steht anstelle konzessiver Nebensätze.

- Vous l'avez lu **sachant** pourtant que je l'avais interdit.
  (Sie haben es gelesen, **obwohl Sie wußten**, daß ich es Ihnen untersagt hatte.)

Das Participe Passé anstelle konditionaler Nebensätze

Anstelle konditionaler Nebensätze steht meist nur das participe passé.

- **Refusé** à l'examen, il entrera dans l'armée.
  (**Wenn er** die Prüfung **nicht besteht,** tritt er in die Armee ein.)

Das Participe Présent anstelle modaler Nebensätze

Das participe présent steht anstelle modaler Nebensätze.

- **Ouvrant** brusquement la porte, il entra.
  (Er öffnete plötzlich die Tür **und** trat ein.)

Die Angleichung des Partizip Perfekts bei avoir (l'accord du participe passé avec **avoir**)

Das Partizip Perfekt richtet sich bei den mit **être** konjugierten Verben in Geschlecht und Zahl stets nach dem Substantiv, auf das es sich bezieht.
Bei den mit **avoir** konjugierten Verben ist es meist unveränderlich. In den folgenden Fällen richtet es sich jedoch in Geschlecht und Zahl nach dem Substantiv, auf das es sich bezieht.

	Angleichung	Keine Angleichung
Transitive Verben	Steht ein direktes Objekt vor dem Partizip Perfekt, so richtet es sich in Geschlecht und Zahl nach diesem. Das vorangehende direkte Objekt kann sein: 1. ein Personalpronomen, 2. das Relativpronomen **que**, 3. ein Substantiv, das in Fragesätzen durch **lequel, quel, combien de** vertreten wird.	Steht das direkte Objekt nach dem Partizip Perfekt, wird dieses nicht verändert.
	• Marie a acheté *des livres.* - Elle *les* a **achetés.** • *Les lettres que* Marie a **écrites.** • Elle a acheté *des livres.* - *Lesquels* a-t-elle **achetés**? • *Combien de livres* a-t-elle **achetés**?	• Marie a **acheté** *des livres.* • Jean-Paul a **mis** *ses livres* sur la table. • Jacques a **visité** *le Louvre* pendant son séjour à Paris.
Reflexive Verben	Reflexive Verben werden zwar mit **être** konjugiert, jedoch gelten hier dieselben Regeln wie bei den mit **avoir** konjugierten Verben. Steht ein direktes Objekt vor dem reflexiven Verb, so richtet sich das Partizip Perfekt in Geschlecht und Zahl nach diesem. In Sätzen ohne direktes Objekt (das Reflexivpronomen ist dann direktes Objekt) richtet sich das Partizip Perfekt des reflexiven Verbs in Geschlecht und Zahl nach dem Subjekt.	Steht ein direktes Objekt nach dem Partizip Perfekt eines reflexiven Verbs (das Reflexivpronomen ist dann indirektes Objekt), so wird dieses nicht verändert.

	Angleichung	Keine Angleichung
	• Voilà *la voiture* que nous *nous sommes* **achetée.** • Nous **nous sommes levés** à six heures.	• Nous **nous sommes acheté** *une nouvelle voiture.*
Unpersönliche Verben		Das Partizip Perfekt der unpersönlichen Verben wird nie verändert.
		• *La grande chaleur* qu'**il a fait.** • *Quels efforts* **il a fallu** pour faire ce travail.
Infinitiv	Steht ein Infinitiv nach dem Partizip Perfekt, so richtet sich dieses in Geschlecht und Zahl nach seinem Bezugswort, wenn der Nebensatz mit **que** im Aktiv steht.	Steht ein Infinitiv nach dem Partizip Perfekt, so wird dieses nicht verändert, wenn der Nebensatz mit **que** im Passiv steht.
	• Les actrices que j'ai **vues** *jouer* cette pièce de théâtre. (Die Schauspielerinnen spielen das Theaterstück.)	• La pièce de théâtre que j'ai **vu** *jouer* par des actrices. (Das Theaterstück wird gespielt.)
Verben des (Veran)Lassens	Das Partizip Perfekt von **laisser qn faire qc** kann sich in Geschlecht und Zahl nach seinem Bezugswort richten.	Das Partizip Perfekt von **laisser qn faire qc** kann unverändert bleiben. Das Partizip Perfekt von **avoir qc à faire, faire faire qc à qn** wird grundsätzlich nicht verändert.
	• *Les textes* que le professeur les a **laissés** lire.	• *Les textes* que le professeur les a **laissé** lire. • Voilà *les textes* que le professeur a **fait faire** aux élèves.

Der Artikel (l'article)

Der Artikel (Geschlechtswort) ist der Begleiter des Substantivs und gibt dessen Geschlecht und Zahl an. Das Französische kennt nur zwei Geschlechter, das männliche und das weibliche.

Der bestimmte Artikel (l'article défini)

Der bestimmte Artikel bezeichnet ein oder mehrere bestimmte Substantive.

- **le** chien - **les** chiens
- **la** maison - **les** maisons

Der unbestimmte Artikel (l'article indéfini)

Der unbestimmte Artikel bezeichnet ein unbestimmtes oder beliebiges, zählbares Substantiv. Die Pluralform des unbestimmten Artikels **des** bleibt im Deutschen unübersetzt.

- **un** homme
- **une** femme
- **des** femmes (Frauen)

Der Teilungsartikel (l'article partitif)

Der Teilungsartikel bezeichnet einen Teil von etwas Vorhandenem, eine unbestimmte Menge.

- Elle boit **du** lait.
- Elle boit **de** l'eau minérale.

Die Formen der Artikel (les formes des articles)

	Nu.	Genus	Unbest. Artikel	Best. Artikel	Best. Artikel + à	+ de	Teil.art.
Vor Konsonant	Sing.	mask.	**un**	**le**	**au**	**du**	**du**
		fem.	**une**	**la**	**à la**	**de la**	**de la**
	Plur.	mask.	**des**	**les**	**aux**	**des**	**-**
		fem.	**des**	**les**	**aux**	**des**	**-**
Vor Vokal und stummem -h	Sing.	mask.	**un**	**l'**	**à l'**	**de l'**	**de l'**
		fem.	**une**	**l'**	**à l'**	**de l'**	**de l'**
	Plur.	mask.	**des**	**les**	**aux**	**des**	**-**
		fem.	**des**	**les**	**aux**	**des**	**-**

Der bestimmte und unbestimmte Artikel (l'article défini et indéfini)

	Bestimmter Artikel	
Abstrakta, Gattungsnamen, Stoffnamen	Abstrakta und Stoffnamen stehen generell mit dem bestimmten Artikel. Gattungsnamen stehen sowohl im Singular als auch im Plural mit dem bestimmten Artikel.	• **La** *force* prime **le** *droit.* • **L'***or* est plus précieux que **l'***argent.* • **Le** *chat* est un animal indépendant. • **Les** *chats* sont des animaux indépendants.

	Bestimmter Artikel	
Eigennamen	Bei Eigennamen, die näher bestimmt sind (zum Beispiel durch ein Adjektiv).	• **la** grande *tour Eiffel* • **le** beau *Paris* • **la** grande *France*

	Bestimmter Artikel	Kein Artikel
Familien-, Personennamen	Bei einigen Familiennamen gehört der bestimmte Artikel zum Namen.	Bei Personennamen, die eine einzelne Person bezeichnen.
	• Monsieur **La Fontaine** • Madame **La Fontaine**	• *Marie* a écrit une lettre. • *Pierre* est parti hier.
	Bei Familiennamen im Plural. Es ist zu beachten, daß der Familienname kein Plural-s erhält.	
	• **Les Laffont** sont partis en vacances.	
Verwandtschaftsbezeichnungen	Bei Verwandtschaftsbezeichnungen + Vorname oder Familienname.	Bei Verwandtschaftsbezeichnungen + Vorname oder Familienname.
	• **la** *tante Marie* • **l'***oncle Charles*	• *tante Marie* • *oncle Charles*
Titel	Bei Namen, die durch Titel näher bestimmt sind. Nach **monsieur** und **madame** + Titel in der Anrede.	Bei Namen, die durch Bezeichnungen wie **madame, mademoiselle, monsieur, maître, saint(e)** näher bestimmt sind.
	• **le** *roi Louis* XIV • *Monsieur* **le** *Président*	• *Monsieur Laffont* • *Saint Martin*

	Unbestimmter Artikel	Kein Artikel
Berufs-, Nationalitätsbezeichnungen	Bei Berufs- und Nationalitätsbezeichnungen nach **c'ést.**	Bei Berufsbezeichnungen zum Ausdruck einer sozialen oder politischen Zugehörigkeit.
	• *C'est* **un** *professeur.* • *C'est* **un** *Français.*	• Il est *étudiant.* • Il est *communiste.*

	Bestimmter Artikel	Kein Artikel
Erdteile, Meere, Flüsse, Berge, Gebirge, Himmelsrichtungen	Bei den Namen der Erdteile, Provinzen, Départements, Meere, Flüsse, Gebirge, Berge und Himmelsrichtungen.	
	• **l'***Amérique* • **la** *Bretagne* • **l'***Atlantique* • **la** *Seine* • **les** *Alpes* • **le** *nord*	
Ländernamen	Bei männlichen Ländernamen nach Präpositionen. **En le** wird dabei zu **au.**	Bei weiblichen Länder- und Provinznamen nach der Präposition **en** und bei männlichen Ländernamen, die mit Vokal beginnen und auch nach der Präposition **en** stehen.
	• voyager **au** *Canada* • vivre **au** *Brésil*	• passer les vacances *en France* • aller *en Italie*
	Bei **de** + Ländername, wenn ein Besitz- oder Zugehörigkeitsverhältnis zum Ausdruck kommt.	Bei **de** + Ländername, wenn Herkunft, Titel, Einrichtungen des öffentlichen Lebens bezeichnet werden.
	• les habitants *de* **la** *France* • les plages *de* **l'***Espagne*	• venir *de France* • les vins *de France*
Inselnamen	Bei den größeren europäischen Inseln.	Bei den meisten außereuropäischen und kleineren Inseln.
	• **la** *Corse* • **la** *Crète*	• *Madagascar* • l'île de *Malte*

	Bestimmter Artikel	Kein Artikel
Städtenamen	Bei Städte- und Ortsnamen, die näher bestimmt sind (zum Beispiel durch ein Adjektiv). Bei einigen Städten gehört der bestimmte Artikel zum Namen.	Bei Städte- und Ortsnamen, die nicht näher bestimmt sind.
	• **le** grand *Paris* • **Le Havre**	• *Paris* • *Rouen*
Straßennamen		Bei Adressen von Straßen- und Gebäudenamen.
		• J'habite *rue Moulin.* • J'habite rue Moulin, *maison 5.*
Jahreszeiten	Bei den Jahreszeiten generell.	Bei den Jahreszeiten nach der Präposition **en.** Vor **printemps** steht immer **au.**
	• **le** *printemps* • **l'***hiver*	• *en hiver* • *au printemps*
Monatsnamen	Bei den Monatsnamen in Datumsangaben.	Bei den Monatsnamen generell.
	• Paris, **le** *7 juillet* • Berlin, **le** *8 septembre*	• Nous passons nos vacances en *juillet.*
Wochentage	Bei den Wochentagen, wenn sie näher bestimmt sind (zum Beispiel durch ein Adjektiv).	Bei Wochentagen, wenn der vergangene oder nächste Wochentag gemeint ist.
	• **le** *lundi, 7 juillet* • **le** terrible *lundi*	• Je partirai *lundi prochain.* • Je suis arrivé *lundi dernier.*
	Bei Wochentagen zum Ausdruck ihrer regelmäßigen Wiederkehr (montags, dienstags etc.).	Bei den Wochentagen in Verbindung mit **il y a** und **dans .... jours/semaines** etc.
	• **Le** *lundi*, on commence à travailler.	• Il a commencé à travailler *lundi il y a 3 mois.*
Feiertage	Kirchliche Feiertage stehen mit dem weiblichen, bestimmten Artikel.	Bei **Pâques** und **Noël**.
	• **la** *Pentecôte* • **la** *Toussaint*	• Nous partirons en vacances à *Pâques.*

	Bestimmter Artikel	Kein Artikel
Tageszeiten	Grundsätzlich bei den Tageszeiten.	**Midi** und **minuit** stehen in der Regel ohne Artikel.
	• Il commence à travailler à 6 heures **du** *matin.*	• *Midi* vient de sonner. • Il est *minuit.*
	Bei **matin, après-midi** und **soir** in Verbindung mit der Uhrzeit zur Bezeichnung der regelmäßigen Wiederkehr (morgens, mittags etc.).	Bei **matin, après-midi** und **soir** in Verbindung mit einem Zeitadverb (**hier, demain** etc.) oder zur näheren Bestimmung eines Wochentags.
	• Il commence à travailler **le** *matin.* • Il commence à travailler **le** *soir.*	• Il partira *demain matin.* • Il partira *dimanche matin.*
Körperteile	Bei Körperteilen, wenn die Zugehörigkeit klar ist.	Bei Körperteilen kann das Possessivpronomen stehen, wenn (besonders bei Krankheiten) auf etwas Bekanntes hingewiesen wird oder wenn der Körperteil näher bestimmt ist.
	• J'ai mal à **la** *tête.* • Je me suis cassé **la** *jambe.*	• Ma mère a encore **sa** *migraine.* • Montrez-moi **votre** *main.*
	In der Zusammensetzung **avoir** + bestimmter Artikel + Körperteil + Adjektiv.	
	• Il *a* **les** *yeux bleus.* • Il *a* **les** *bras longs.*	
Aufzählungen		In Aufzählungen, die nicht durch Konjunktionen verbunden sind.
		• *Hommes, femmes, enfants* tous étaient partis.

Der Teilungsartikel (l'article partitif)

Der Teilungsartikel bezeichnet eine unbestimmte Menge, unbestimmte Anzahl, einen Teil von etwas Vorhandenem (daher der Name Teilungsartikel).

	Teilungsartikel	**De** (+ Substantiv ohne Artikel)
Mengenangaben	Nach den folgenden Mengenangaben, wenn sie eine bereits erwähnte bestimmte Menge bezeichnen. • **boîte** • **grand nombre** • **foule** • **tas** • **groupe** • **verre**	Nach den folgenden Mengenangaben, wenn sie eine unbestimmte Menge bezeichnen. • **boîte** • **grand nombre** • **foule** • **tas** • **groupe** • **verre**
	• La police n'est pas arrivée à disperser *la foule* **des** manifestants.	• La police n'est pas arrivée à disperser *une foule* **des** manifestants.
	Nach den folgenden Mengenangaben steht **des.** • **la majorité** • **la moitié** • **la plus grande partie** • **la plupart**	
	• *La majorité* **des** étudiants ont passé l'examen.	
Maß- und Gewichtsangaben		Nach Maß- und Gewichtsangaben wie **litre, kilo, mètre** etc.
		• Donnez-moi deux *litres* **de** lait.
Mengenadverbien		Nach den Mengenadverbien: • **assez** • **peu** • **autant** • **plus** • **beaucoup** • **tant** • **combien** • **tellement** • **moins** • **trop**
		• *Beaucoup* **de** gens sont de notre avis. • Ne faites pas *trop* **de** bêtises.
	Steht **bien** vor anderen Adjektiven als **autre** und steht dieses Adjektiv vor einem Substantiv im Plural, so wird meist **des** verwendet.	**Bien** wird an **autre** stets mit **de** ohne Artikel angeschlossen.

	Partitives **de** (**de** + Substantiv ohne Artikel)	**Des** (unbestimmter Artikel Plural)
	Bien wird an **autre** stets mit **de** ohne Artikel angeschlossen.	Steht **bien** vor anderen Adjektiven als **autre** und steht dieses Adjektiv vor einem Substantiv im Plural, so wird meist **des** verwendet.
	• Donnez-moi *bien* **d'***autres* choses.	• *Bien* **des** *jeunes gens* ont visité le concert.
	Nach den folgenden Mengenangaben in verneinten Sätzen. • **jamais** + Verb • **plus** • **pas** • **sans** + Verb	Nach den folgenden Mengenangaben in verneinten Sätzen mit positivem Sinn. • **jamais** + Verb • **plus** • **pas** • **sans** + Verb
	• Je *n'*ai *pas* **d'**argent. • Il est parti *sans faire* **de** bruit.	• *N'*avez-vous *pas* **des** *amis* pour vous aider?
Zahladverbien	Die folgenden Zahladverbien stehen in moderner Sprache ohne Artikel. • **certains** • **plusieurs** • **différents** • **quelques** • **divers**	
	• *Plusieurs* élèves ont passé l'examen.	
Indefinitpronomen	Die folgenden Indefinitpronomen stehen ohne Artikel. • **que** • **quoi** • **quelque chose**	
	• *Quoi* **de** neuf? (Was gibt's Neues?)	
Präpositionen	Die Präpositionen **en, de** und **sans** stehen jedoch ohne Artikel.	Nach den meisten Präpositionen steht der Artikel.
	• Il a besoin *de* conseils. • Il est arrivé *sans* argent.	• Il est venu *avec* **des** livres intéressants.

	Partitives **de** (**de** + Substantiv ohne Artikel)	Teilungsartikel
Substantive + Adjektiv	Vor Substantiven im Plural, denen ein Adjektiv vorausgeht, steht in korrekter Sprache partitives **de**.	Vor Substantiven im Singular, denen ein Adjektiv vorausgeht, steht in moderner Sprache der Teilungsartikel.
	• L'armée a subi **de** *grandes pertes.*	• C'est **du** très *bon travail.* (A. Gide)

Das Substantiv (le nom)

Substantive (Hauptwörter, Dingwörter, Nennwörter, Nomen) bezeichnen Lebewesen, Pflanzen, Gegenstände oder sonstige Begriffe und können mit dem Artikel verbunden werden.

Nach inhaltlichen Gesichtspunkten unterscheidet man folgende Gruppen von Substantiven.

Konkreta (noms concrets)

Konkreta (Gegenstandswörter) bezeichnen Gegenstände.

- **livre**
- **table**

Eigennamen (noms propres)

Eigennamen bezeichnen Personen oder Sachen, die einmalig sind.

- **Michel**
- **France**

Gattungsnamen (noms communs)

Gattungsnamen (Appellativa) bezeichnen Substantive, die eine Gattung von Lebewesen oder Dingen bezeichnen und zugleich jedes einzelne Lebewesen oder Ding dieser Gattung.

- **homme**
- **femme**
- **enfant**
- **chien**

Sammelnamen (noms collectifs)

Sammelnamen (Kollektiva) bezeichnen eine Gruppe gleichartiger Lebewesen oder Dinge.

- **les Français**
- **meubles**

Stoffnamen (noms de matière)

Stoffnamen sind Masse- und Materialbezeichnungen.

- **eau**
- **or**

Abstrakta (noms abstraits)

Abstrakta (Begriffswörter) bezeichnen das Nichtgegenständliche, d. h. Dinge, die man nicht berühren kann.

- **amour**
- **beauté**
- **courage**

Nach formalen Gesichtspunkten unterscheidet man folgende Gruppen von Substantiven.

Ursubstantive (noms primitifs)

Ursprüngliche, nicht durch ein Suffix oder Präfix abgewandelte Substantive.

- **eau**
- **livre**

Abgewandelte Substantive (noms modifiés)

Substantive, die durch ein Präfix oder Suffix abgewandelt sind.

- **action - réaction**
- **groupe - groupement**

Abgeleitete Substantive (noms dérivés)

Von einer anderen Wortart (z. B. Verb, Adjektiv) abgeleitete Substantive.

- **heureux - bonheur**
- **espérer - espoir**

Zusammengesetzte Substantive (noms composés)

Aus verschiedenen Wortarten zusammengesetzte Substantive (z. B. Substantiv + Substantiv, Substantiv + Verb etc.).

- **passeport**
- **portefeuille**
- **bonhomme**

Genus und Numerus des Substantivs (genre et nombre du nom)

Die französische Sprache unterscheidet zwischen männlichem bzw. maskulinem (masculin) und weiblichem bzw. femininem (féminin) Geschlecht (Genus) bei Substantiven. Das Französische kennt kein sächliches Geschlecht (neutrum) wie das Deutsche (das).

Da von dem Geschlecht eines deutschen Substantivs nicht auf das des französischen Substantivs geschlossen werden kann, ist ein wichtiges Indiz für das Geschlecht eines Substantivs seine Endung.
Die folgende Tabelle gibt zunächst eine Übersicht über die Endungen männlicher und weiblicher Substantive sowie über die dazugehörigen Pluralendungen. Generell erhält ein Substantiv im Plural ein **-s**, in manchen Fällen ein **-x**. Es ist zu beachten, daß ein Plural-s oder -x in der Regel nicht ausgesprochen wird, also nur bei der liaison hörbar ist.
Die Endungen, die im folgenden nicht fettgedruckt sind, sind für das jeweilige Geschlecht untypisch, d. h. sie kommen zwar gelegentlich vor, stellen jedoch die Ausnahme dar.

Maskulin Singular	Maskulin Plural	Feminin Singular	Feminin Plural
-ade	-ades	**-ade**	**-ades**
-age	**-ages**	-age	-ages
-ail	**-ails, -aux**	-	-
-	-	**-aille**	**-ailles**
-ain	**-ains**	**-aine**	**-aines**
-aire	**-aires**	**-aire**	**-aires**
-ais	**-ais**	**-aise**	**-aises**
-al	**-aux**, -als	-	-
-an	**-ans**	**-ane, -anne**	**-anes, -annes**
-	-	**-ance**	**-ances**
-ant	**-ants**	**-ante**	**-antes**
-au	**-aux**, -aus	-	-
-çon	-çons	**-çon**	**-çons**
-e	-es	**-e, -esse**	**-es, -esses**

Maskulin Singular	Maskulin Plural	Feminin Singular	Feminin Plural
-é	**-és**	**-ée**	**-ées**
-ée	-ées	**-ée**	**-ées**
-eau	**-eaux**	-	-
-ège	**-èges**	-	-
-ein	**-eins**	-	-
-el	**-els**	**-elle**	**-elles**
-en	**-ens**	**-enne**	**-ennes**
-	-	**-ence**	**-ences**
-ent	**-ents**	**-ente**	**-entes**
-er	**-ers**	**-ère**	**-ères**
-et	**-ets**	-	-
-	-	**-ette**	**-ettes**
-eu	**-eux,** -eus	-	-
-eur	-eurs	**-eur**	**-eurs**
-eur	**-eurs**	**-euse, -eresse**	**-euses, eresses**
-ie	-ies	**-ie**	**-ies**
-ien	**-iens**	**-ienne**	**-iennes**
-ier	**-iers**	-	-
-in	**-ins**	**-ine**	**-ines**
-ion	-ions	**-ion**	**-ions**
-ion	**-ions**	**-ionne**	**-ionnes**
-	-	**-ise**	**-ises**
-isme	**(-ismes)**	-	-

Maskulin Singular	Maskulin Plural	Feminin Singular	Feminin Plural
-iste	**-istes**	**-iste**	**-istes**
-ment	**-ments**	-	-
-o	**-os**	-o	-os
-œu	**-œux**	-	-
-oir	**-oirs**	-	-
-ois	**-ois**	**-oise**	**-oises**
-on	**-ons**	**-onne**	**-onnes**
-ot	**-ots**	**-**	**-**
-ôt	**-ôts**	**-**	**-**
-ou	**-ous, -oux**	**-**	**-**
-s	**-s**	**-**	**-**
-son	-sons	**-son**	**-sons**
-té	-tés	**-té**	**-tés**
-teur	**-teurs**	**-trice**, -teuse	**-trices**, -teuses
-	**-**	**-tié**	**-tiés**
-	**-**	**-tude**	**-tudes**
-ure	-ures	**-ure**	**-ures**
-x	**-x**	-x	-x

Mask. Sing. Mask. Plur.	Fem. Sing. Fem. Plur.	Maskulin	Feminin
-ade -ades	**-ade** **-ades**	Endung einiger männlicher Substantive.	Diese Endung kennzeichnet meist weibliche Substantive.
		• le stade **les stades**	**• la promenade** **les promenades**
-age **-ages**	-age -ages	Diese Endung kennzeichnet meist männliche Substantive.	Endung einiger weiblicher Substantive.
		• le visage **les visages**	**• une image** **les images**
-ail **-ails, -aux**	- -	Diese Endung kennzeichnet meist männliche Substantive. Einige dieser Substantive bilden den Plural auf **-ails**, andere auf **-aux**.	
		• le détail **les détails** **• le travail** **les travaux**	
- -	**-aille** **-ailles**		Diese Endung kennzeichnet meist weibliche Substantive.
			• la bataille **les batailles**
-ain **-ains**	**-aine** **-aines**	Diese Endung kennzeichnet männliche Substantive.	Diese Endung kennzeichnet weibliche Substantive, die häufig direkt vom männlichen abgeleitet werden können.
		• le pain **• un Américain** (Amerikaner) **les Américains** Wichtige Ausnahme: **• la main**	**• la semaine** **• une Américaine** (Amerikanerin) **les Américaines**
-aire **-aires**	**-aire** **-aires**	Diese Endung kennzeichnet männliche Substantive.	Diese Endung kennzeichnet weibliche Substantive. Das männliche Substantiv kann meist direkt als weibliches übernommen werden.

Mask. Sing. Mask. Plur.	Fem. Sing. Fem. Plur.	Maskulin	Feminin
		• **le libraire** (der Buchhändler) **les libraires**	• **la libraire** (die Buchhändlerin) **les libraires**
-ais **-ais**	**-aise** **-aises**	Diese Endung kennzeichnet männliche Substantive. Die Pluralform erhält kein zusätzliches -s mehr. • **le Français** (der Franzose) **les Français** (die Franzosen)	Diese Endung kennzeichnet weibliche Substantive, die meist direkt vom männlichen abgeleitet werden können. • **la Française** (die Französin) **les Françaises**
-al **-aux**, -als	- -	Diese Endung kennzeichnet meist männliche Substantive. Die meisten dieser Substantive bilden den Plural auf **-aux**. • **le journal** **les journaux** • **le festival** **les festivals**	
-an **-ans**	**-ane, -anne** **-anes, -annes**	Diese Endung kennzeichnet männliche Substantive. • **le Catalan** **les Catalans** • **le paysan** **les paysans** • **un an** **les ans**	Diese Endung kennzeichnet weibliche Substantive, die meist direkt vom männlichen abgeleitet werden können. Einige bilden die weibliche Form auf **-ane**, andere auf **-anne**. • **la Catalane** **les Catalanes** • **la paysanne** **les paysannes**
- **-**	**-ance** **-ances**		Diese Endung kennzeichnet meist weibliche Substantive. • **la séance** **les séances**

Mask. Sing. Mask. Plur.	Fem. Sing. Fem. Plur.	Maskulin	Feminin
-ant **-ants**	**-ante** **-antes**	Diese Endung kennzeichnet männliche Substantive.	Diese Endung kennzeichnet weibliche Substantive, die meist direkt vom männlichen abgeleitet werden können.
		• **un assistant** (ein Assistent) **les assistants**	• **une assistante** (eine Assistentin) **les assistantes**
-au, **-aux**, -aus	- -	Diese Endung kennzeichnet meist männliche Substantive. Die meisten dieser Substantive bilden den Plural auf **-aux**.	
		• **le noyau** **les noyaux** • **le landau** **les landaus**	
-çon -çons	**-çon** **-çons**	Endung einiger männlicher Substantive.	Diese Endung kennzeichnet meist weibliche Substantive.
		• **le limaçon** **les limaçons**	• **la leçon** **les leçons**
-e -es	**-e, -esse** **-es, -esses**	Diese Endung kennzeichnet vor allem Substantive, deren natürliches Geschlecht männlich ist.	Die Endung **-e** kennzeichnet meist weibliche Substantive. Einige männliche Substantive können direkt als weibliches übernommen werden, andere bilden die weibliche Form auf **-esse**.
		• **le camarade** (der Kamerad) **les camarades** • **le prince** (der Prinz) **les princes**	• **la camarade** (die Kameradin) **les camarades** • **la princesse** (die Prinzessin) **les princesses**
-é **-és**	**-ée** **-ées**	Diese Endung kennzeichnet vor allem Substantive, deren natürliches Geschlecht männlich ist.	Diese Endung kennzeichnet weibliche Substantive, die meist direkt vom männlichen abgeleitet werden können.
		• **un employé** (ein Angestellter) **les employés**	• **une employée** (eine Angestellte) **les employées**

Mask. Sing. Mask. Plur.	Fem. Sing. Fem. Plur.	Maskulin	Feminin
-ée -ées	**-ée** **-ées**	Endung einiger männlicher Substantive.	Diese Endung kennzeichnet meist weibliche Substantive.
		• **le lycée** **les lycées**	• **la journée** **les journées**
-eau **-eaux**	-	Diese Endung kennzeichnet meist männliche Substantive.	
		• **le bureau** **les bureaux** Wichtige Ausnahmen: • **l'eau** (fem.) • **la peau**	
-ège **-èges**	- -	Diese Endung kennzeichnet meist männliche Substantive.	
		• **le collège** **les collèges**	
-ein **-eins**	- -	Diese Endung kennzeichnet meist männliche Substantive.	
		• **le dessein** **les desseins**	
-el **-els**	**-elle** **-elles**	Diese Endung kennzeichnet männliche Substantive.	Diese Endung kennzeichnet weibliche Substantive, von denen einige direkt vom männlichen abgeleitet werden können.
		• **le criminel** (der Kriminelle) **les criminels**	• **la criminelle** (die Kriminelle) **les criminelles** • **la tourelle** (das Türmchen) **les tourelles**
-en **-ens**	**-enne** **-ennes**	Diese Endung kennzeichnet männliche Substantive.	Diese Endung kennzeichnet weibliche Substantive, die meist direkt vom männlichen abgeleitet werden können.
		• **un Européen** (ein Europäer) **les Européens**	• **une Européenne** (eine Europäerin) **les Européennes**

Mask. Sing. Mask. Plur.	Fem. Sing. Fem. Plur.	Maskulin	Feminin
- -	**-ence** **-ences**		Diese Endung kennzeichnet meist weibliche Substantive. • **la différence** **les différences**
-ent **-ents**	**-ente** **-entes**	Diese Endung kennzeichnet männliche Substantive. • **le client** (der Kunde) **les clients** • **l'argent** Wichtige Ausnahme: • **la dent**	Diese Endung kennzeichnet weibliche Substantive, die meist direkt vom männlichen abgeleitet werden können. • **la cliente** (die Kundin) **les clientes**
-er **-ers**	**-ère** **-ères**	Diese Endung kennzeichnet männliche Substantive. • **le boulanger** (der Bäcker) **les boulangers**	Diese Endung kennzeichnet weibliche Substantive, die meist direkt vom männlichen abgeleitet werden können. • **la boulangère** (die Bäckerin) **les boulangères**
-et **-ets**	- -	Diese Endung kennzeichnet meist männliche Substantive. • **le billet** **les billets**	
- -	**-ette** **-ettes**		Diese Endung kennzeichnet meist weibliche Substantive. • **la bicyclette** **les bicyclettes**
-eu **-eux,** -eus	- -	Diese Endung kennzeichnet meist männliche Substantive. Die meisten dieser Substantive bilden den Plural auf **-eux**. • **le jeu** **les jeux** • **le pneu** **les pneus**	

Mask. Sing. Mask. Plur.	Fem. Sing. Fem. Plur.	Maskulin	Feminin
-eur -eurs	**-eur** **-eurs**	Endung einiger männlicher Substantive.	Diese Endung kennzeichnet meist weibliche Substantive.
		• **un malheur** **les malheurs**	• **la douleur** **les douleurs**
-eur **-eurs**	**-euse, -eresse** **-euses, -eresses**	Diese Endung kennzeichnet vor allem Substantive, deren natürliches Geschlecht männlich ist.	Diese Endungen kennzeichnen weibliche Substantive, die meist direkt vom männlichen abgeleitet werden können. Einige dieser Substantive bilden die weibliche Form auf **-euse**, andere auf **-eresse**.
		• **le coiffeur** **les coiffeurs** • **le pécheur** **les pécheurs**	• **la coiffeuse** **les coiffeuses** • **la pécheresse** **les pécheresses**
-ie -ies	**-ie** **-ies**	Endung einiger männlicher Substantive.	Diese Endung kennzeichnet meist weibliche Substantive.
		• **un incendie** **les incendies**	• **la maladie** **les maladies**
-ien **-iens**	**-ienne** **-iennes**	Diese Endung kennzeichnet männliche Substantive.	Diese Endung kennzeichnet weibliche Substantive, die meist direkt vom männlichen abgeleitet werden können.
		• **un Italien** (ein Italiener) **les Italiens**	• **une Italienne** (eine Italienerin) **les Italiennes**
-ier **-iers**	- -	Diese Endung kennzeichnet meist männliche Substantive.	
		• **le métier** **les métiers**	
-in **-ins**	**-ine** **-ines**	Diese Endung kennzeichnet männliche Substantive.	Diese Endung kennzeichnet weibliche Substantive, die meist direkt vom männlichen abgeleitet werden können.

Mask. Sing. Mask. Plur.	Fem. Sing. Fem. Plur.	Maskulin	Feminin
		• **le voisin** (der Nachbar) **les voisins** • **le vin** <u>Wichtige Ausnahme:</u> • **la fin**	• **la voisine** (die Nachbarin) **les voisines**
-ion -ions	**-ion** **-ions**	Endung einiger männlicher Substantive. • **un avion** **les avions**	Diese Endung kennzeichnet meist weibliche Substantive. • **la nation** **les nations**
-ion **-ions**	**-ionne** **-ionnes**	Diese Endung kennzeichnet vor allem Substantive, deren natürliches Geschlecht männlich ist. • **un espion** (ein Spion) **les espions**	Diese Endung kennzeichnet weibliche Substantive, die meist direkt vom männlichen abgeleitet werden können. • **une espionne** (eine Spionin) **les espionnes**
- -	**-ise** **-ises**		Diese Endung kennzeichnet meist weibliche Substantive. • **la crise** **les crises**
-isme **(-ismes)**	- -	Endung einiger männlicher Substantive. Substantive mit dieser Endung bezeichnen meist eine politische oder soziale Gruppe und kommen daher meist nur im Singular vor. • **le comunisme** • **le romantisme**	
-iste **-istes**	**-iste** **-istes**	Diese Endung kennzeichnet männliche Substantive. • **le dentiste** (der Zahnarzt) **les dentistes**	Diese Endung kennzeichnet weibliche Substantive. Das männliche Substantiv kann meist direkt als weibliches übernommen werden. • **la dentiste** (die Zahnärztin) **les dentistes**

Mask. Sing. Mask. Plur.	Fem. Sing. Fem. Plur.	Maskulin	Feminin
-ment **-ments**	- -	Diese Endung kennzeichnet meist männliche Substantive. • **un appartement** **les appartements**	
-o **-os**	-o -os	Diese Endung kennzeichnet meist männliche Substantive. • **le vélo** **les vélos**	Diese Endung kennzeichnet meist nur Kurzformen einiger weiblicher Substantive. • **la photo(graphie)** **les photos**
-œu **-œux**	- -	Diese Endung kennzeichnet meist männliche Substantive. • **le vœu** **les vœux**	
-oir **-oirs**	- -	Diese Endung kennzeichnet meist männliche Substantive. • **le miroir** **les miroirs**	
-ois **-ois**	**-oise** **-oises**	Diese Endung kennzeichnet männliche Substantive. Die Pluralform erhält kein zusätzliches -s mehr. • **le Chinois** (der Chinese) **les Chinois** (die Chinesen)	Diese Endung kennzeichnet weibliche Substantive, die meist direkt vom männlichen abgeleitet werden können. • **la Chinoise** (die Chinesin) **les Chinoises**
-on **-ons**	**-onne** **-onnes**	Diese Endung kennzeichnet männliche Substantive. • **le baron** (der Baron) **les barons**	Diese Endung kennzeichnet weibliche Substantive, die meist direkt vom männlichen abgeleitet werden können. • **la baronne** (die Baronin) **les baronnes**
-ot **-ots**	- -	Diese Endung kennzeichnet meist männliche Substantive. • **le haricot** **les haricots**	

Mask. Sing. Mask. Plur.	Fem. Sing. Fem. Plur.	Maskulin	Feminin
-ôt **-ôts**	- -	Diese Endung kennzeichnet meist männliche Substantive. • **le dépôt** **les dépôts**	
-ou **-ous, -oux**	- -	Diese Endung kennzeichnet meist männliche Substantive. Einige dieser Substantive bilden den Plural auf **-ous**, andere auf **-oux**. • **le fou** **les fous** • **le genou** **les genoux**	
-s **-s**	- -	Diese Endung kennzeichnet meist männliche Substantive. Die Pluralform erhält kein zusätzliches -s mehr. • **le jus** (der Saft) **les jus** (die Säfte)	
-son -sons	**-son** **-sons**	Endung einiger männlicher Substantive. • **le poisson** **les poissons**	Diese Endung kennzeichnet meist weibliche Substantive. • **la maison** **les maisons**
-té -tés	**-té** **-tés**	Endung einiger männlicher Substantive. • **le côté** **les côtés**	Diese Endung kennzeichnet meist weibliche Substantive. • **la bonté** **les bontés**
-teur **-teurs**	**-trice,** -teuse **-trices,** -teuses	Diese Endung kennzeichnet männliche Substantive.	Diese Endung kennzeichnet weibliche Substantive, die meist direkt vom männlichen abgeleitet werden können. Die meisten dieser Substantive bilden die weibliche Form auf **-trice**.

Mask. Sing. Mask. Plur.	Fem. Sing. Fem. Plur.	Maskulin	Feminin
		• **un auditeur** (ein Hörer) **les auditeurs** • **le menteur** (der Lügner) **les menteurs**	• **une auditrice** (die Hörerin) **les auditrices** • **la menteuse** (die Lügnerin) **les menteuses**
- -	**-tié** **-tiés**		Diese Endung kennzeichnet meist weibliche Substantive. • **la moitié** **les moitiés**
- -	**-tude** **-tudes**		Diese Endung kennzeichnet meist weibliche Substantive. • **une attitude** **les attitudes**
-ure -ures	**-ure** **-ures**	Endung einiger männlicher Substantive. • **le mur** **les murs**	Diese Endung kennzeichnet meist weibliche Substantive. • **la voiture** **les voitures**
-x **-x**	-x -x	Diese Endung kennzeichnet meist männliche Substantive. Die Pluralform erhält kein zusätzliches -s mehr. • **le prix** (der Preis) **les prix** (die Preise)	Endung einiger weiblicher Substantive. Die Pluralform erhält kein zusätzliches -s mehr. • **la croix** (das Kreuz) **les croix** (die Kreuze)

Besonderheiten beim Geschlecht

Neben den Endungen des Substantivs sind bezüglich des Geschlechts einige Besonderheiten zu beachten. Die Pluralbildung richtet sich nach den oben aufgeführten Regeln.

	Maskulin Singular	Feminin Singular
Gleiche Bezeichnung für männliches und weibliches Geschlecht	Einige männliche Substantive werden, vor allem bei Berufsbezeichnungen, aufgrund der bisher von Männern dominierten Berufswelt auch für Frauen verwendet. • **un auteur** (ein Autor) • **le juge** (der Richter) • **le médecin** (der Arzt) • **le ministre** (der Minister) • **le professeur** (der Professor)	Um Mißverständnisse zu vermeiden, kann den männlichen Substantiven zur Bezeichnung des weiblichen Geschlechts das Wort **femme** + weiblicher Artikel vorangestellt werden. Bei einigen Berufsbezeichnungen bilden sich mittlerweile auch weibliche Formen heraus. • **un auteur** (eine Autorin) • **le juge** (die Richterin) • **le médecin** (die Ärztin) • **le ministre** (die Ministerin) • **le professeur** (die Professorin)
	• *Monsieur Laffont* est **un médecin** très consciencieux. • *Il* est **un avocat** fameux.	• *Madame Laffont* est **un médecin** très consciencieux. • *Elle* est **une avocate** fameuse. • C. S., c'est **une femme auteur.**
	Einige Substantive, die männliche Lebewesen bezeichnen, stehen mit dem weiblichen Artikel. • **la connaissance** (der Bekannte) • **la recrue** (der Rekrut) • **la victime** (das Opfer)	• **la connaissance** (die Bekannte) • **la recrue** (die Rekrutin) • **la victime** (das Opfer)
	• *Pierre* n'est pas un ami mais **une** simple **connaissance.**	• *Jacqueline* n'est pas une amie mais **une** simple **connaissance.**
Unregelmäßiges Geschlecht	Einige männliche Substantive bilden das weibliche Substantiv unregelmäßig. • **le fils** (der Sohn) • **le frère** (der Bruder) • **le garçon** (der Junge) • **un homme** (ein Mann) • **le mari** (der Ehemann) • **l'oncle** (der Onkel) • **le père** (der Vater)	Einige weibliche Substantive bilden das männliche Substantiv unregelmäßig. • **la fille** (die Tochter) • **la sœur** (die Schwester) • **la jeune fille** (das Mädchen) • **une femme** (eine Frau) • **la femme** (die Ehefrau) • **la tante** (die Tante) • **la mère** (die Mutter)

	Maskulin Singular	Feminin Singular
	• *Pierre* est **un garçon** très gentil.	• *Marie-Claire* est **une jeune fille** très gentille.
Bedeutungsunterschiede männlicher und weiblicher Substantive	Einige männliche Substantive haben dieselbe weibliche Form. Meist liegt dann ein Unterschied in der Bedeutung vor. • **un aide** (ein Gehilfe) • **le garde** (der Wächter) • **le livre** (das Buch) • **le manche** (der Stiel) • **le mode** (die Art, Weise) • **le page** (der Page) • **le poêle** (der Ofen) • **le vapeur** (der Dampfer) • **le voile** (der Schleier)	Einige weibliche Substantive haben dieselbe männliche Form. Meist liegt dann ein Unterschied in der Bedeutung vor. • **une aide** (eine Hilfe; Gehilfin) • **la garde** (die Wache) • **la livre** (das Pfund) • **la manche** (der Ärmel) • **la mode** (die Mode) • **la page** (die Seite) • **la poêle** (die Bratpfanne) • **la vapeur** (der Dampf) • **la voile** (das Segel)
	• Il a levé **le voile** de ce mystère.	• **La voile** de ce bateau est déchirée.
Tiernamen	Generell entspricht das grammatische Geschlecht dem natürlichen Geschlecht der Tiere. Bei vielen Tiernamen steht entweder der weibliche oder männliche Name für beide Geschlechter. Um Mißverständnisse zu vermeiden, kann für männliche Tiernamen **mâle** hinzugefügt werden.	Generell entspricht das grammatische Geschlecht dem natürlichen Geschlecht der Tiere. Bei vielen Tiernamen steht entweder der weibliche oder männliche Name für beide Geschlechter. Um Mißverständnisse zu vermeiden, kann für weibliche Tiernamen **femelle** hinzugefügt werden.
	• **le crocodile (mâle)** • **un éléphant (mâle)**	• **le crocodile (femelle)** • **un éléphant (femelle)**
	Bei einigen Tiernamen, die den gleichen Wortstamm haben, leitet sich der weibliche Name nach den oben aufgeführten Regeln ab. Meist steht jedoch der männliche Tiername für beide Geschlechter.	Bei einigen Tiernamen, die den gleichen Wortstamm haben, leitet sich der männliche Name nach den oben aufgeführten Regeln ab.
	• **le chien** • **le tigre**	• **la chienne** • **la tigresse**
	Einige männliche Tiernamen haben völlig andere weibliche Tiernamen.	Einige weibliche Tiernamen haben völlig andere männliche Tiernamen.

	Maskulin Singular	Feminin Singular
	• **un âne** (ein Esel) • **le matou (le chat)** (der Kater (die Katze)) • **le coq** (der Hahn)	• **une ânesse** (eine Eselin) • **la chatte** (die Katze) • **la poule** (die Henne)
	• Il a l'air d'**un** petit **coq.**	• Il a l'air d'**une poule** qui a trouvé un couteau.
Ländernamen, Städtenamen	Länder- und Städtenamen, die nicht auf -e enden, sind in der Regel männlich.	Länder- und Städtenamen auf -e sind in der Regel weiblich. Städtenamen können auch mit **la ville de ...** umschrieben werden.
	• **le Brésil** • **le Canada** • **le Japon** • **le Paris** • **le Berlin** • **le Londres**	• **la France** • **la Rome** <u>Wichtige Ausnahmen:</u> • **le Mexique** • **Le Caire** • **Le Havre**
Inselnamen		Inselnamen sind in der Regel weiblich. Sie können auch mit **l'île de ...** umschrieben werden.
		• **la Sardaigne** • **l'île de Malte**
Flußnamen	Flußnamen, die nicht französisch sind, sind in der Regel männlich.	Französische Flußnamen, vor allem die auf -e, sind in der Regel weiblich.
	• **l'Amazone** • **le Danube** • **le Rhin**	• **la Loire** • **la Seine** <u>Wichtige Ausnahme:</u> • **le Rhône**
Monatsnamen, Wochentage, Jahreszeiten	Die Monatsnamen, Wochentage und Jahreszeiten sind männlich.	Kirchliche Feste sind, außer **Noël** und **Pâques**, in der Regel weiblich.
	• **le lundi** • **janvier** • **le printemps**	• **l'Ascension** • **la Pentecôte** • **la Toussaint**
Himmelsrichtungen	Die Himmelsrichtungen sind männlich.	
	• **le nord** • **le sud**	

Besonderheiten beim Numerus des Substantivs

Der Numerus (Zahl) bezeichnet den Singular bzw. die Einzahl (singulier) und den Plural bzw. die Mehrzahl (pluriel). Die meisten Substantive erhalten im Plural ein **-s**, einige ein **-x**. Es ist zu beachten, daß das Plural-s oder -x nur bei der liaison hörbar ist.
Neben den üblichen Pluralendungen des Substantivs sind einige Besonderheiten zu beachten.

	Singular	Plural
Substantive, die nur im Singular/ Plural vorkommen	Einige Substantive kommen nur im Singular vor und stehen folglich auch mit einem Verb im Singular.	Einige Substantive kommen nur im Plural vor und stehen folglich auch mit einem Verb im Plural. Im Deutschen kann hier ein Substantiv im Singular stehen. Um deutlich zu machen, daß es sich um mehrere Dinge handelt, können sie mit **deux ... paires de ...** verbunden werden.
	• **le courage** • **la fièvre** • **la jeunesse**	• **Les ciseaux** *sont* sur la table. (**Die Schere** *liegt* auf dem Tisch.) • **Deux paires de ciseaux** sont sur la table. (**Zwei Scheren** liegen auf dem Tisch.)
		Gens ist in der Regel männlich und kommt nur im Plural vor. Bei vorangehendem weiblichen Adjektiv ist es allerdings weiblich. Das Verb richtet sich in Geschlecht und Zahl stets nach **gens.**
		• **Les gens** *sont arrivés.* • **Les** *petites* **gens** *sont arrivées.* Wichtige Ausnahmen: • *certains jeunes* **gens** • *tous* **les** *jeunes* **gens**
Familiennamen	Französische Familiennamen sind männlich und erhalten kein Plural-s. Mit ihnen verbundene Artikel, Verben oder Adjektive stehen aber im Plural.	Die Namen von Herrscherhäusern, historische Familiennamen und Dynastien sind männlich und erhalten ein Plural-s. Einige Namen von Herrscherhäusern erhalten jedoch kein Plural-s.
	• **Les Laffont** *sont* nos voisins. • **Les Duval** *sont gentils.*	• **les Stuarts** • **Les Hohenzollern**

Das Adjektiv (l'adjectif)

Das Adjektiv (Eigenschafts-, Wiewort) drückt eine Eigenschaft aus und bezieht sich im Satz auf ein oder mehrere Substantive.
Es kann mit einer Ergänzung (Substantiv oder Infinitiv) stehen, die mit einer Präposition (meist **à** oder **de**) angeschlossen wird.

Attributives Adjektiv (l'adjectif épithète)

Das attributive Adjektiv steht unmittelbar beim Substantiv.

- un enfant **intelligent**
- une **belle** fleur

Prädikatives Adjektiv (l'adjectif attribut)

Das prädikative Adjektiv wird durch ein Verb (meist **être**) mit dem Substantiv verbunden.

- Cette fleur est **belle.**
- Ce livre est **intéressant.**

Beide Adjektivarten, sowohl das attributive als auch das prädikative, richten sich in Geschlecht und Zahl nach dem Substantiv, auf das sie sich beziehen, d. h. beziehen sie sich auf:

ein Substantiv	mehrere Substantive gleichen Geschlechts	mehrere Substantive verschiedenen Geschlechts
so richtet sich das Adjektiv in Geschlecht und Zahl nach diesem einen Substantiv.	so steht das Adjektiv im Plural und hat dasselbe Geschlecht wie die Substantive.	so steht das Adjektiv im Plural und ist männlich, selbst wenn nur ein Substantiv unter mehreren weiblichen männlich ist. Es sollte vermieden werden, dem Adjektiv ein weibliches Substantiv unmittelbar voranzustellen.
• un livre **intéressant** • une table **ronde** • des livres **intéressants** • des tables **rondes**	• un livre et un cahier **neufs** • des jupes et des vestes **neuves**	• des femmes, des jeunes filles et des hommes **gentils**

Genus und Numerus des Adjektivs (genre et nombre de l'adjectif)

Genus (Geschlecht) und Numerus (Zahl) des Adjektivs werden wie beim Substantiv durch die Endung gekennzeichnet.
In der Regel erhält das Adjektiv in der weiblichen Form ein **-e** und im Plural meist ein **-s** (bei den weiblichen Adjektiven endet der Plural also auf **-es**).
Es ist zu beachten, daß die Endung -e zur Kennzeichnung des weiblichen Geschlechts und das Plural-s oder -x nicht ausgesprochen werden, Plural-s, -x sind nur bei liaison hörbar.

Die folgende Tabelle gibt eine Übersicht über die unregelmäßigen Endungen.

Maskulin Singular	Maskulin Plural	Feminin Singular	Feminin Plural
-al	**-aux**, -als	**-ale**	**-ales**
-c	**-cs**	**-que**	**-ques**
-e	**-es**	**-e**	**-es**
-eau	**-eaux**	**-elle**	**-elles**
-eil	**-eils**	**-eille**	**-eilles**
-el	**-els**	**-elle**	**-elles**
-en	**-ens**	**-enne**	**-ennes**
-er	**-ers**	**-ère**	**-ères**
-et	**-ets**	**-ète, -ette**	**-ètes, -ettes**
-eur	**-eurs**	**-eure, -euse**	**-eures, -euses**
-f	**-fs**	**-ve**	**-ves**
-on	**-ons**	**-onne**	**-onnes**
-s	**-s**	**-sse, -se**	**-sses, -ses**
-teur	**-teurs**	**-trice**	**-trices**
-x	**-x**	**-se**	**-ses**

Mask. Sing. Mask. Plur.	Fem. Sing. Fem. Plur.	Maskulin	Feminin
-al **-aux,** -als	**-ale** **-ales**	Diese Endung kennzeichnet männliche Adjektive. Die meisten Adjektive auf **-al** bilden den Plural auf **-aux.**	Diese Endung kennzeichnet weibliche Adjektive, die direkt vom männlichen abgeleitet werden können.
		• un conseil **amical** des conseils **amicaux** • un événement **fatal** des événements **fatals**	• une relation **amicale** des relations **amicales** • une relation **fatale** des relations **fatales**
-c **-cs**	**-que** **-ques**	Diese Endung kennzeichnet männliche Adjektive.	Diese Endung kennzeichnet weibliche Adjektive.
		• un homme **turc** des hommes **turcs**	• une femme **turque** des femmes **turques**
-e **-es**	**-e** **-es**	Diese Endung kennzeichnet männliche Adjektive.	Männliche Adjektive auf **-e** erhalten in der weiblichen Form kein weiteres **-e.** Männliche Adjektive auf **-é** erhalten in der weiblichen Form ein weiteres **-e.**
		• un livre **rare** des livres **rares** • un prix **exagéré** des prix **exagérés**	• une fleur **rare** des fleurs **rares** • une demande **exagérée** des demandes **exagérées**
-eau **-eaux**	**-elle** **-elles**	Diese Endung kennzeichnet männliche Adjektive.	Diese Endung kennzeichnet weibliche Adjektive.
		• un **beau** livre des **beaux** livres	• une **belle** fleur des **belles** fleurs
-eil **-eils**	**-eille** **-eilles**	Diese Endung kennzeichnet männliche Adjektive.	Diese Endung kennzeichnet weibliche Adjektive.
		• un cas **pareil** des cas **pareils**	• une heure **pareille** des heures **pareilles**
-el **-els**	**-elle** **-elles**	Diese Endung kennzeichnet männliche Adjektive.	Diese Endung kennzeichnet weibliche Adjektive.
		• un homme **cruel** des hommes **cruels**	• une femme **cruelle** des femmes **cruelles**

Mask. Sing. Mask. Plur.	Fem. Sing. Fem. Plur.	Maskulin	Feminin
-en **-ens**	**-enne** **-ennes**	Diese Endung kennzeichnet männliche Adjektive.	Diese Endung kennzeichnet weibliche Adjektive.
		• un homme **chrétien** des hommes **chrétiens**	• une femme **chrétienne** des femmes **chrétiennes**
-er **-ers**	**-ère** **-ères**	Diese Endung kennzeichnet männliche Adjektive.	Diese Endung kennzeichnet weibliche Adjektive.
		• un poids **léger** des poids **légers**	• une chaise **légère** des chaises **légères**
-et **-ets**	**-ète, -ette** **-ètes, -ettes**	Diese Endung kennzeichnet männliche Adjektive.	Einige männliche Adjektive auf **-et** bilden die weibliche Form auf **-ète**, andere auf **-ette**.
		• un document **complet** des documents **complets** • un homme **muet** des hommes **muets**	• une pièce **complète** des pièces **complètes** • une femme **muette** des femmes **muettes**
-eur **-eurs**	**-eure, -euse** **-eures, -euses**	Diese Endung kennzeichnet männliche Adjektive.	Einige männliche Adjektive auf **-eur** bilden die weibliche Form auf **-eure**, andere auf **-euse.**
		• un état **antérieur** des états **antérieurs** • un homme **querelleur** des hommes **querelleurs**	• une œuvre **antérieure** des œuvres **antérieures** • une femme **querelleuse** des femmes **querelleuses**
-f **-fs**	**-ve** **-ves**	Diese Endung kennzeichnet männliche Adjektive.	Diese Endung kennzeichnet weibliche Adjektive.
		• un costume **neuf** des costumes **neufs**	• une robe **neuve** des robes **neuves**
-on **-ons**	**-onne** **-onnes**	Diese Endung kennzeichnet männliche Adjektive.	Diese Endung kennzeichnet weibliche Adjektive.
		• un **bon** homme des **bons** hommes	• une **bonne** femme des **bonnes** femmes
-s **-s**	**-sse, -se,** **-sses, -ses**	Diese Endung kennzeichnet männliche Adjektive. Adjektive auf **-s** erhalten im Plural kein zusätzliches **-s**.	Einige männliche Adjektive auf **-s** bilden die weibliche Form auf **-sse**, andere auf **-se.**

Mask. Sing. Mask. Plur.	Fem. Sing. Fem. Plur.	Maskulin	Feminin
		• un homme **courtois** des hommes **courtois** • un **gros** camion des **gros** camions	• une femme **courtoise** des femmes **courtoises** • une **grosse** voiture des **grosses** voitures
-teur **-teurs**	**-trice** **-trices**	Diese Endung kennzeichnet männliche Adjektive.	Diese Endung kennzeichnet weibliche Adjektive.
		• un livre **consolateur** des livres **consolateurs**	• une parole **consolatrice** des paroles **consolatrices**
-x **-x**	**-se** **-ses**	Diese Endung kennzeichnet männliche Adjektive. Adjektive auf **-x** erhalten im Plural kein zusätzliches **-s.**	Diese Endung kennzeichnet weibliche Adjektive.
		• un homme **heureux** des hommes **heureux**	• une femme **heureuse** des femmes **heureuses**

Besonderheiten beim Genus und Numerus

Maskulin Singular	Maskulin Plural	Feminin Singular	Feminin Plural
blanc	blancs	**blanche**	blanches
bref	brefs	**brève**	brèves
doux	doux	**douce**	douces
faux	faux	**fausse**	fausses
frais	frais	**fraîche**	fraîches
gentil	gentils	**gentille**	gentilles
inquiet	inquiets	**inquiète**	inquiètes
long	longs	**longue**	longues
nul	nuls	**nulle**	nulles
paysan	paysans	**paysanne**	paysannes
sec	secs	**sèche**	sèches

Vor	Mask. Sing.	Mask. Plur.	Fem. Sing.	Fem. Plur.
Konsonant	beau	beaux	belle	belles
Vokal, stummem -h	**bel**	bels	belle	belles
Konsonant	nouveau	nouveaux	nouvelle	nouvelles
Vokal, -stummem -h	**nouvel**	nouvels	nouvelle	nouvelles
Konsonant	fou	fous	**folle**	folles
Vokal, stummem -h	**fol**	fols	folle	folles
Konsonant	mou	mous	**molle**	molles
Vokal, stummem -h	**mol**	mols	molle	molles
Konsonant	vieux	vieux	**vieille**	vieilles
Vokal, stummem -h	**vieil**	vieils	vieille	vieilles

Die Steigerung des Adjektivs (les degrés de l'adjectif)

Das Französische kennt neben der Grundstufe die folgenden Steigerungsformen des Adjektivs. Auch bei der Steigerung richtet sich das Adjektiv in Geschlecht und Zahl nach dem Substantiv, auf das es sich bezieht.

Positiv (le positif)

Der Positiv ist die Grundstufe des Adjektivs. Er drückt aus, daß zwei oder mehr Wesen oder Dinge in bezug auf eine Eigenschaft gleich sind; gleicher Grad.
Im Vergleichssatz wird diese Gleichheit durch **aussi ... que** ausgedrückt.

- Marie et Jeanne sont **jeunes.**
- Ces maisons sont **grandes.**
- Ces livres sont **intéressants.**
- Mon frère est *aussi* **grand** *que* moi.
  (Mein Bruder ist *genauso* **groß** *wie* ich.)

Komparativ (le comparatif)

Der Komparativ drückt aus, daß zwei Wesen oder Dinge in bezug auf eine Eigenschaft ungleich sind; ungleicher Grad.
Im Vergleichssatz wird der Komparativ stets mit **que** angeschlossen.

- Mon frère est **plus grand** *que* moi.
  (Mein Bruder ist **größer** *als* ich.)
- Ces livres sont **moins intéressants** *que* ceux-ci.
  (Diese Bücher sind **weniger interessant** *als* diese hier.)

Steigerung	**plus + Adjektiv (+ que)**
Verminderung	**moins + Adjektiv (+ que)**

Superlativ, relativer Superlativ (le superlatif, le superlatif relatif)

Der Superlativ drückt aus, daß von mindestens drei Wesen oder Dingen einem der höchste Grad einer Eigenschaft zukommt; höchster Grad.

- Mon frère est **le plus grand** dans notre famille.
  (Mein Bruder ist **der größte** in unserer Familie.)
- Cette femme est **la plus gentille** de tous nos voisins.

Numerus	Genus	Steigerung	Verminderung
Singular	maskulin	**le plus + Adjektiv**	**le moins + Adjektiv**
	feminin	**la plus + Adjektiv**	**la moins + Adjektiv**
Plural	maskulin	**les plus + Adjektiv**	**les moins + Adjektiv**
	feminin	**les plus + Adjektiv**	**les moins + Adjektiv**

Absoluter Superlativ (le superlatif absolu)

Der absolute Superlativ drückt wie der Superlativ den höchsten Grad einer Eigenschaft aus.
Er wird ebenso gebildet wie der relative Superlativ oder mit Adverbien wie **extrêmement, très** etc., die vor das Adjektiv treten.
Er kann jedoch nicht wie der Superlativ einen Vergleich ausdrücken.

- Cela me fait **le plus grand** plaisir.
  (Das bereitet mir **das größte** Vergnügen.)
- Ce livre est *extrêmement* **intéressant**.
  (Dieses Buch ist *äußerst* **interessant**.)

Unregelmäßig gesteigerte Adjektive

In der folgenden Tabelle sind die unregelmäßig gesteigerten Adjektive aufgeführt. Einige Adjektive werden regelmäßig gesteigert, wenn sie in ihrer Grundbedeutung verwendet werden, unregelmäßig werden sie gesteigert, wenn sie in übertragener Bedeutung verwendet werden.

Positiv	Komparativ	Superlativ
bon(ne) (gut)	**meilleur(e)** (besser)	**le, (la, les) meilleur(e, s)** (am besten)
mauvais(e) (schlimm)	**pire** (schlimmer)	**le, la, (les) pire(s)** (am schlimmsten)
mauvais(e) (schlecht)	**plus mauvais(e)** (schlechter)	**le, (la, les) plus mauvais(e, s)** (am schlechtesten)
petit(e) (klein)	**plus petit(e)** (kleiner)	**le, (la, les) plus petit(e, s)** (am kleinsten)
petit(e) (gering)	**moindre** (geringer)	**le, la, (les) moindre(s)** (am geringsten)

Die Stellung des Adjektivs (la place de l'adjectif)

Normalerweise steht das Adjektiv unmittelbar nach dem Substantiv, das es näher bestimmt. In einigen Fällen kann das Adjektiv dem Substantiv auch vorangestellt werden.

	Adjektive vor dem Substantiv	Adjektive nach dem Substantiv
Einsilbige/ mehrsilbige, längere Adjektive	Einsilbige, kurze und häufig verwendete Adjektive. • **beau** • **jeune** • **saint** • **bon** • **joli** • **vieux** • **grand** • **mauvais** • **gros** • **petit**	Mehrsilbige, längere Adjektive und Adjektive, die durch eine Beifügung ergänzt werden und daher länger sind.
	• un **grand** *arbre* • une **belle** *fleur* • un **vieil** *homme*	• un *vers* **harmonieux** • Il a un *jardin* **grand** *comme un terrain de football.*
Partizipien, Verbaladjektive		Partizipien, die wie ein Adjektiv verwendet werden und Verbaladjektive.
		• un *vêtement* **usé** • une *femme* **aimante**
Bedeutungsunterschiede bei voran- und nachgestellten Adjektiven	Die folgenden Adjektive können dem Substantiv vorangestellt werden. Es liegt dann zu den dem Substantiv nachgestellten Adjektiven ein Unterschied in der Bedeutung vor. • **ancien** (ehemalig) • **brave** (ordentlich, bieder) • **certain** (gewisse(r)) • **cher** (lieb) • **court** (kurz (zeitlich)) • **dernier** (letzte(r)) • **différent** (verschieden) • **grand** (bedeutend) • **haut** (hoch (räumlich)) • **long** (lang (zeitlich)) • **maigre** (dürftig) • **méchant** (schlecht)	Die folgenden Adjektive können dem Substantiv nachgestellt werden. Es liegt dann zu den dem Substantiv vorangestellten Adjektiven ein Unterschied in der Bedeutung vor. • **ancien** (sehr alt) • **brave** (tapfer) • **certain** (sicher) • **cher** (teuer) • **court** (kurz (räumlich)) • **dernier** (vorig) • **différent** (unterschiedlich) • **grand** (groß(gewachsen)) • **haut** (hochgeschätzt) • **long** (lang (räumlich)) • **maigre** (mager) • **méchant** (bösartig)

	Adjektive vor dem Substantiv	Adjektive nach dem Substantiv
	• **noble** (edel) • **nouveau** (neu) • **pauvre** (bedauernswert) • **propre** (eigen) • **seul** (einzig) • **simple** (bloß)	• **noble** (adlig) • **nouveau** (neuartig) • **pauvre** (arm, mittellos) • **propre** (sauber) • **seul** (alleinstehend) • **simple** (einfach)
	• un **grand** *homme* • un **long** *voyage*	• un *homme* **grand** • une *robe* **longue**
Mehrere Adjektive	Mehrere Adjektive werden dem Substantiv geschlossen vorangestellt, wenn jedes einzelne von ihnen dem Substantiv auch vorangestellt werden kann. Das letzte Adjektiv wird meist durch **et** angeschlossen.	Mehrere Adjektive werden dem Substantiv geschlossen nachgestellt, wenn jedes einzelne von ihnen dem Substantiv vor- oder nachgestellt werden kann. Das letzte Adjektiv wird meist durch **et** angeschlossen.
	• un **long** et **beau** *voyage*	• un *voyage* **long** et **beau** • un *enfant* **brave, sage** et **intelligent**
	Sind Adjektive unter mehreren, die vor dem Substantiv stehen können, so behalten diese ihren Platz vor dem Substantiv.	Sind Adjektive unter mehreren, die nach dem Substantiv stehen können, so behalten diese ihren Platz nach dem Substantiv. Es können auch alle Adjektive durch **et** verbunden und dem Substantiv nachgestellt werden.
	• un **petit** *garçon* **maigre** • un **vieil** *homme* **intéressant**	• un *garçon* **petit et maigre** • un *homme* **vieux et intéressant**

Der Vergleich (la comparaison)

Zum Ausdruck des Vergleichs stehen im Französischen die folgenden Ausdrücke zur Verfügung.

Que

Que steht nach dem Komparativ eines Adjektivs. Im Deutschen steht nach dem Komparativ eines Adjektivs *als* (nicht *wie*).
Que kann auch bezüglich eines Substantivs stehen. Im Deutschen wird dann *wie* verwendet.

- Il est *plus grand* **que** moi.
  (Er ist *größer* **als** ich.)
- J'ai pris la même route **que** *la veille.*
  (Ich schlug denselben Weg ein **wie** *am Tag zuvor.*)

Comme

Comme steht in bezug auf Substantive in der Bedeutung *(eben)so ... wie.*

- Sa peau est blanche **comme** *neige.*
  (Ihre Haut ist **(so)** weiß **wie** *Schnee.)*

(Au)tant .. que

In bezug auf ein Verb steht **(au)tant ... que** in der Bedeutung *so ... wie, soviel ... wie.*

- Il n'*apprend* pas **(au)tant** ***que*** son frère.
  (Er *lernt* nicht **soviel wie** sein Bruder.)

Aussi ... que

In bezug auf ein Adjektiv oder Adverb steht im bejahten und verneinten Satz **aussi ... que** in der Bedeutung *(genau)so ... wie.*

- Marie est **aussi** *intelligente* **que** Paul.
  (Marie ist **(genau)so** *intelligent* **wie** Paul.)
- Paul n'est pas **aussi** *intelligent* **que** Marie.

Si ... que

In bezug auf ein Adjektiv oder Adverb steht im verneinten Satz **si ... que** in der Bedeutung *(nicht) so ... wie.*

- Paul n'est pas **si** *intelligent* **que** Marie.
  (Paul ist **nicht so** *intelligent* **wie** Marie.)

Im folgenden Schaubild ist die Stellung der einzelnen Satzglieder im Vergleichssatz im Überblick dargestellt.

		Komparativ	**que**	Il est *plus grand* **que** moi.
J'ai pris la même route **que** *la veille*.	**que**	Substantiv		
Sa peau est blanche **comme** *neige*.	**comme**	Substantiv		
		Verb	**autant que** **tant que**	Il n'*apprend* pas **(au)tant que** son frère.
	aussi	**Adjektiv, Adverb**	**que**	Marie est **aussi** *intelligente* **que** Paul.
	si	**Adjektiv, Adverb**	**que**	Paul n'est pas **si** *intelligent* **que** Marie.

Das Adverb (l'adverbe)

Das Adverb (Umstandswort) dient zur näheren Bestimmung von Verben, Adjektiven, Adverbien und ganzen Satzinhalten (das Adjektiv gibt die Eigenschaft von Substantiven an).
Das Adverb ist stets unveränderlich und dient zur Definition der Art und Weise (adverbe de manière), des Ortes (adverbe de lieu), der Zeit (adverbe de temps), der Menge (adverbe de quantité) und des Grades, der Intensität (adverbe d'intensité).

Ursprüngliche Adverbien (adverbes primitifs)

Die ursprünglichen Adverbien haben keine besondere Form.

- J'ai **bien** dormi.
- Je suis venu **ici.**

Abgeleitete Adverbien (adverbes dérivés)

Abgeleitete Adverbien hängen generell an die weibliche Form des Adjektivs die Endung **-ment** an.

- Il travaille **précisément.**
- Cela s'apprend **facilement.**

	Adjektiv auf		Adverb auf		
Adjektive ohne besondere Endung	curieux **curieuse**	- -	curieuse	-	**ment**
Adjektive auf Vokal	pol pol	**i** **ie**	pol	**i**	**ment**
Gleiche Form männlicher und weiblicher Adjektive	facil facil	**e** **e**	facil	**e**	**ment**
Männliche Adjektive auf **-e**	énorm énorm	**e** **e**	énorm	**é**	**ment**
Adjektive auf **-é**	assur assur	**é** **ée**	assur	**é**	**ment**
Adjektive auf **-ant**	const const	**ant** **ante**	const	**am**	**ment**
Adjektive auf **-ent**	prud prud	**ent** **ente**	prud [pryd	**em** a	**ment** mɑ̃]

Häufig wirken insbesondere die auf **-ment** gebildeten Adverbien schwerfällig und werden deshalb im Französischen mit den folgenden Stilmitteln vermieden.

Adverbien, die durch Umschreibung gebildet werden

Adjektive und Partizipien, die kein Adverb bilden oder deren Adverb schwerfällig klingt, können durch Ausdrücke wie **de façon, de manière** + Adjektiv oder **avec** + Substantiv umschrieben werden.
Adjektive, die kein Adverb bilden können, sind Farbadjektive, Adjektive der nationalen, politischen, religiösen Zugehörigkeit und der körperlichen, geistigen Eigenschaften.

- Il travaille **de façon précise.**
  (Er arbeitet **präzise**.)
- Il parle **de manière patiente.**
- Il travaille **avec précision.**
- Il parle **avec patience.**
- Elle s'habille toujours **en noir.**

Verbaler Ausdruck statt Adverb

Häufig wird im Französischen ein Ausdruck mit Verb (verbaler Ausdruck) verwendet, wo im Deutschen ein Adverb steht.

- Nous **aimons** lire.
  (Wir lesen **gern.**)
- J'**espère** que je réussirai à l'examen.
  (**Hoffentlich** bestehe ich die Prüfung.)

Unregelmäßig gebildete Adverbien

Adjektiv (männlich)	Adjektiv (weiblich)	Adverb
bon	bonne	**bien**
gentil	gentille	**gentiment**
grave	grave	**gravement, grièvement**
mauvais	mauvaise	**mal**
meilleur	meilleure	**mieux**
rapide	rapide	**rapidement, vite**

Die Steigerung des Adverbs (les degrés de l'adverbe)

Das Französische kennt neben der Grundstufe die folgenden Steigerungsformen des Adverbs.

Positiv (le positif)

Der Positiv ist die Grundstufe des Adverbs. Er drückt aus, daß zwei oder mehr Wesen oder Dinge in bezug auf ein Merkmal gleich sind; gleicher Grad.
Im Vergleichssatz wird diese Gleichheit durch **aussi...que** ausgedrückt.

- Marie et Jeanne répondent **correctement.**
- Jean et Pierre lisent très **bien.**
- Pierre travaille *aussi* **précisément** *que* Jean.
  (Pierre arbeitet *so* **präzise** *wie* Jean.)

Komparativ (le comparatif)

Der Komparativ drückt aus, daß zwei Wesen oder Dinge in bezug auf ein Merkmal ungleich sind; ungleicher Grad.
Im Vergleichssatz wird der Komparativ stets mit **que** angeschlossen.

- Jeanne répond **plus correctement** *que* Jean.
  (Jeanne antwortet **richtiger** *als* Jean.)
- Marie travaille **moins précisément** *que* Jean.
  (Marie arbeitet **weniger präzise** *als* Jean.)

Steigerung	**plus + Adverb (+ que)**
Verminderung	**moins + Adverb (+ que)**

Superlativ, relativer Superlativ (le superlatif, le superlatif relatif)

Der Superlativ drückt aus, daß von mindestens drei Wesen oder Dingen einem der höchste Grad eines Merkmals zukommt; höchster Grad.
Ein folgendes Bezugswort wird mit **de** angeschlossen.

- Marie et Jean travaillent **le plus précisément.**
  (Marie und Jean arbeiten **am präzisesten.**)
- Marie travaille **le plus précisément** *de tous.*

Steigerung	**le plus + Adverb (de)**
Verminderung	**le moins + Adverb (de)**

Absoluter Superlativ (le superlatif absolu)

Der absolute Superlativ drückt wie der Superlativ den höchsten Grad eines Merkmals aus.
Er wird mit Adverbien wie **très, extrêmement, peu** etc. gebildet. Wird er mit **le plus** bzw. **le moins** gebildet, so folgt meist **possible** oder ein **que**-Satz.

- Il roule *extrêmement* **vite.**
- Je viendrais **le plus vite** *possible.*
- Je viendrais **le plus vite** *que je pourrais.*

Unregelmäßig gesteigerte Adverbien

In der folgenden Tabelle sind die unregelmäßig gesteigerten Adverbien aufgeführt. Einige Adverbien werden regelmäßig gesteigert, wenn sie in ihrer Grundbedeutung verwendet werden, unregelmäßig werden sie gesteigert, wenn sie in übertragener Bedeutung verwendet werden.

Positiv		Komparativ		Superlativ	
bien	(gut)	**mieux**	(besser)	**le mieux**	(am besten)
mal	(schlecht)	**plus mal**	(schlechter)	**le plus mal**	(am schlechtesten)
mal	(schlimm)	**pis**	(schlimmer)	**le pis**	(am schlimmsten)
peu	(wenig)	**moins**	(weniger)	**le moins**	(am wenigsten)
beaucoup	(viel)	**plus**	(mehr)	**le plus**	(am meisten)

Die Stellung des Adverbs (la place de l'adverbe)

Zur Stellung des Adverbs lassen sich keine allgemeingültigen Regeln aufstellen. Die folgenden Ausführungen geben einige wichtige Anhaltspunkte zur Stellung der Adverbien.
Ferner ist es auch von der Satzmelodie und nicht zuletzt vom Empfinden des Sprechers abhängig, an welcher Stelle er das Adverb plaziert.

Beim Verb

Die Adverbien stehen in den einfachen Zeiten in der Regel nach dem Verb.

- Je me *sens* **bien.**
- Il *lit* **beaucoup.**

Die Adverbien stehen in den zusammengesetzten Zeiten entweder zwischen Hilfsverb und Vollverb oder nach dem Vollverb.
Die Adverbien auf **-ment**, des Ortes, der bestimmten Zeit und die Adverbien der unbestimmten Zeit **après, avant, tôt** und **tard** stehen in den zusammengesetzten Zeiten in der Regel nach dem Vollverb.

- Je me *suis* **bien** *senti.*
- Je me *suis senti* **bien.**
- Il *a* **beaucoup** *lu.*
- Il *a lu* **beaucoup.**
- J'*ai travaillé* **lentement.**
- J'*ai travaillé* **partout.**
- Il *va partir* **demain.**
- On m'*a demandé* **avant.**

Beim Infinitiv

Die Adverbien können vor oder nach dem Infinitiv stehen.
Dabei stehen kurze, häufig verwendete Adverbien meist vor dem Infinitiv, längere und die abgeleiteten Adverbien treten meist hinter den Infinitiv.

- Il ne faut pas **trop** *souffrir.*
- Je dois **souvent** *travailler* jusqu'à la nuit.
- Je l'ai vu *venir* **lentement.**
- Je l'ai écouté *lire* **consciencieusement.**

Bei Adjektiven

Die Adverbien stehen in der Regel vor Adjektiven.

- Elle est **très** *gentille.*
- Elle est **trop** *jeune.*

Am Satzanfang, Satzende

Die Adverbien, vor allem die der bestimmten Zeit, des Ortes und die abgeleiteten Adverbien können am Satzanfang oder -ende stehen. Die meisten Adverbien der unbestimmten Zeit, außer **toujours, encore, tôt, tard,** können an den Satzanfang treten.

- **Demain**, nous devrons partir tôt le matin.
- Nous sommes partis tôt le matin, **hier**.
- **Naturellement**, il était autrefois en retard.
- **Souvent**, j'ai travaillé jusqu'à la nuit.
- J'ai **toujours** beaucoup travaillé.

Das folgende Schaubild gibt eine Übersicht über die Stellung der Adverbien.

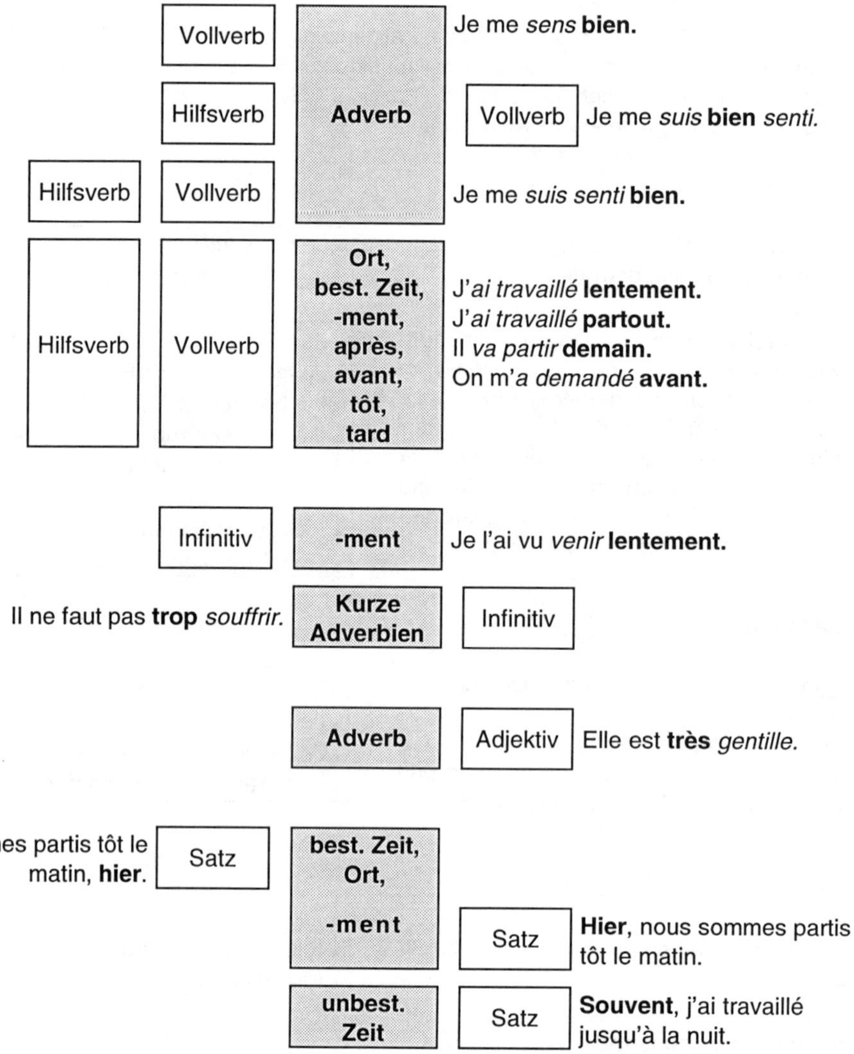

Adverb oder Adjektiv (adverbe ou adjectif)

Adverb und Adjektiv haben unterschiedliche Funktionen im Satz, d. h. Adjektive dienen in der Regel zur näheren Bestimmung von Substantiven, Adverbien dienen zur näheren Bestimmung von Verben, Adjektiven und anderen Adverbien.

	Adjektiv	
Bezüglich des Substantivs	Bezüglich eines Substantivs steht das Adjektiv. Es beschreibt die Eigenschaft(en) des Substantivs.	• Il fait **beau** *temps.* • *Marie* est **gentille.** • *Jean* est toujours **gai.**

	Adverb	Adjektiv
Bezüglich des Verbs	Bezüglich eines Verbs steht das Adverb. Das Adverb beschreibt die Art und Weise einer Tätigkeit.	Bei einigen Verben wird das Adjektiv in adverbialer Bedeutung gebraucht. In dieser Bedeutung ist das Adjektiv unveränderlich. • **acheter cher** • **parler bas** • **aller tout droit** • **parler haut** • **chanter faux** • **payer cher** • **chanter juste** • **penser juste** • **coûter cher** • **peser lourd** • **s'habiller jeune** • **travailler dur** • **s'habiller vieux** • **vendre cher** • **jouer faux** • **voir clair** • **jouer juste** • **voir double**
	• Jean *rentrait* **bruyamment.** (Jean *kehrte* **lärmend** *heim.* Das Heimkommen war lärmend, nicht Jean.) • Il m'*écouta* **attentivement.** (Er *hörte* mir **aufmerksam** *zu.*)	• Il *chante* **juste.** (Er *singt* **richtig.**) • Ils ont *acheté* la maison trop **cher.** (Sie haben das Haus zu **teuer** *gekauft.*)

	Adverb	
Bezüglich des Adjektivs	Bezüglich eines Adjektivs steht das Adverb zum Ausdruck des Grads, der Menge.	• Il est un homme **bien** *pauvre.* • Elle est une femme **bien** *amusante.*
Bezüglich des Adverbs	Bezüglich eines Adverbs steht stets das Adverb.	• Il marche **bien** *lentement.* • Il parle **très** *vite.*

Die Grundzahlen (les nombres cardinaux)

Die folgende Aufstellung stellt die Grundzahlen im Überblick dar. Dabei sind bei Zusammensetzungen aus Einern und Zehnern und Hundertern und Tausendern einige Beispiele gegeben, die aufzeigen, wie andere Zahlen dieser Art gebildet werden.

Einer	Zehner		Hunderter, Tausender
0 zéro	**10 dix**	**20 vingt**	**100 cent**
1 un	**11 onze**	21 vingt et un	101 cent un
2 deux	**12 douze**	22 vingt-deux ...	102 cent deux ...
3 trois	**13 treize**	**30 trente**	**200 deux cents**
4 quatre	**14 quatorze**	**40 quarante**	201 deux cent un
5 cinq	**15 quinze**	**50 cinquante**	202 deux cent deux ...
6 six	**16 seize**	**60 soixante**	**300 trois cents**
7 sept	**17 dix-sept**	**70 soixante-dix**	**400 quatre cents ...**
8 huit	**18 dix-huit**	71 soixante et onze	**1.000 mille**
9 neuf	**19 dix-neuf**	72 soixante-douze ...	1.001 mille un ...
		80 quatre-vingts	**2.000 deux mille**
		81 quatre-vingt-un	**3.000 trois mille ...**
		82 quatre-vingt-deux ...	**100.000 cent mille**
		90 quatre-vingt-dix	**200.000 deux cent mille ...**
		91 quatre-vingt-onze	**1.000.000 un million**
		92 quatre-vingt-douze ..	**2.000.000 deux millions ...**
			10^9 un milliard

Zéro, cent, million, milliard

Zéro, cent, million, milliard gelten als Substantive und erhalten somit im Plural ein -s. Auf **zéro** folgende Substantive erhalten, im Gegensatz zum Deutschen, kein Plural-s.

- *deux* **zéros**
- *deux* **cents**
- *deux* **millions**
- **zéro** *point*
  (**Null** *Punkte*)

Hunderter verlieren das Plural-s, wenn eine weitere Zahl folgt. Dasselbe gilt für Zusammensetzungen mit **quatre-vingts.**

- *deux* **cents**
- *trois* **cent** *deux*
- **quatre-vingts**
- **quatre-vingt-***deux*

Mille

Mille ist stets unveränderlich. In Jahreszahlen kann **mille** zu **mil** verkürzt werden.

- trois **mille** mètres
- en **mil** neuf cent quatorze

Un, une, huit, onze

Vor den Grundzahlen, die mit Vokal oder stummem -h beginnen, steht kein Apostroph.

- *le* **un**
- *le* **huit**

Vor weiblichen Substantiven steht **une** in Zusammensetzungen mit Zehnern. In Ausdrücken wie **page un** etc. steht **un.**

- **vingt et un** *livres*
- **vingt et une** *tables*
- voir *page* **un**

Vor **huit** und **onze** darf nicht gebunden werden.

- les **huit** livres [le µit li:vr]
- les **onze** livres [le o:z li:vr]

Der Endkonsonant der Grundzahlen wird gesprochen, wenn kein Substantiv folgt oder eines, das mit Vokal beginnt.

- **six** [sis]
- **six** ans [sis ã]
- **six** livres[si li:vr]

Zahlen von vier und mehr Stellen

Zahlen von vier und mehr Stellen werden je drei Stellen von rechts durch Punkt abgetrennt.

- **1.000**
- **10.000**
- **100.000**

Die Ordnungszahlen (les nombres ordinaux)

Die folgende Aufstellung stellt die Ordnungszahlen im Überblick dar. Dabei sind bei Zusammensetzungen aus Einern und Zehnern und Hundertern und Tausendern einige Beispiele gegeben, die aufzeigen, wie andere Zahlen dieser Art gebildet werden.

Einer		Zehner				Hunderter, Tausender	
		10^{e}	**dixième**	**20e**	**vingtième**	**100e**	**centième**
$1^{er\ (re)}$	**premier(ère)**	**11e**	**onzième**	21^{e}	vingt et unième	101^{e}	cent unième
2^{e}	**deuxième**	**12e**	**douzième**	22^{e}	vingt-deuxième ...	102^{e}	cent deuxième...
3^{e}	**troisième**	**13e**	**treizième**	**30e**	**trentième**	**200e**	**deux centième**
4^{e}	**quatrième**	**14e**	**quatorzième**	**40e**	**quarantième**	**300e**	**trois centième**
5^{e}	**cinquième**	**15e**	**quinzième**	**50e**	**cinquantième**	**400e**	**quatre centième...**
6^{e}	**sixième**	**16e**	**seizième**	**60e**	**soixantième**	**1.000^{e}**	**millième**
7^{e}	**septième**	**17e**	**dix-septième**	**70e**	**soixante-dixième**	1.001^{e}	mille unième
8^{e}	**huitième**	**18e**	**dix-huitième**	71^{e}	soixante et onzième	1.002^{e}	mille deuxième ...
9^{e}	**neuvième**	**19e**	**dix-neuvième**	72^{e}	soixante-douzième ...	**2.000^{e}**	**deux millième**
				80^{e}	**quatre-vingtième**	**3.000^{e}**	**trois millième** ...
				81^{e}	quatre-vingt-unième	**100.000^{e}**	**cent millième**
				82^{e}	quatre-vingt-deuxième ...	200.000^{e}	deux cent millième..
				90^{e}	**quatre-vingt-dixième**	**$1.000.00^{e}$**	**millionième**
				91^{e}	quatre-vingt-onzième	$2.000.00^{e}$	deux millionième...
				92^{e}	quatre-vingt-douzième ...	**10^{9e}**	**milliardième**

Die Ordnungszahlen stehen immer mit dem bestimmten männlichen oder weiblichen Artikel (**le**, **la**), je nachdem ob ihnen ein männliches oder weibliches Substantiv folgt. Die Artikel wurden in obiger Darstellung aus Gründen der Übersichtlichkeit weggelassen.

Die entsprechende Abkürzung ist in der obigen Darstellung neben der Ziffer dargestellt. Im Gegensatz zum Deutschen stehen die Ordnungszahlen im Französischen immer ohne Punkt.

Premier, second

Die weibliche Form von **premier** und **second** lautet **première** und **seconde**. Ansonsten ist die männliche und weibliche Form aller Ordnungszahlen gleich.

- **le premier (1er)** *livre*
- **la première (1ère)** *table*
- **le second** *livre*
- **la seconde** *table*

Bei Herrschernamen und beim Datum steht nur für die 1 die Ordnungszahl. Sonst steht die Grundzahl.

- Louis **1er (premier)**
- Louis **XIV (quatorze)**
- **le 1er (premier)** avril
- **le quinze** avril

Deuxième, second(e)

Deuxième wird vorzugsweise in Aufzählungen verwendet, **second(e)** kann immer verwendet werden und wird im allgemeinen als eleganter empfunden als **deuxième.**

- **le premier, le deuxième** et **le troisième** livre
- **au second** étage

Huitième, onzième

Vor **huitième** und **onzième** darf nicht apostrophiert werden.

- **le huitième**
- **le onzième**

Die Bruchzahlen (les nombres fractionnaires)

Gemeine Brüche (les fractions)

Für die gemeinen Brüche gilt folgende Formel:

$$\frac{\textbf{Zähler}}{\textbf{Nenner}} = \frac{\textbf{Grundzahl}}{\textbf{Ordnungszahl}}$$

Ist die Grundzahl > 1, so erhält die Ordnungszahl ein Plural-s.

- $\frac{1}{5}$ $\frac{\text{un}}{\text{cinquième}}$
- $\frac{3}{7}$ $\frac{\text{trois}}{\text{septièmes}}$

Die Brüche **1/2, 1/3** und **1/4** haben ihre eigene Form, sie weichen von der obigen Formel ab.

- **1/2 un demi**
- **1/3 un tiers**
- **1/4 un quart**

Demi wird nicht verändert, wenn es mit einem folgenden Substantiv oder Adjektiv durch Bindestrich verbunden wird. Steht es, durch **et** verbunden, nach dem Substantiv, so richtet es sich im Geschlecht nach diesem.

- une **demi**-*heure*
- une *heure et* **demie**

Bei Brüchen, die eine ganze Zahl enthalten, kann zwischen der ganzen Zahl und dem Bruch **et** eingefügt werden; bei **1 1/2** und **3 1/2** muß **et** immer hinzugefügt werden.

- **2 2/5 deux (et) deux cinquièmes**
- **1 1/2 un et demi**
- **3 1/2 trois et demi**

Dezimalbrüche (les fractions décimales)

Für die Dezimalbrüche gilt folgende Formel: **Grundzahl Komma Grundzahl**

Die Ziffern nach dem Komma werden, außer **zéro**, nicht einzeln gesprochen.

- **3,23 trois virgule vingt-trois**
- **3,023 trois virgule zéro vingt-trois**

Die Sammelzahlen (les nombres collectifs)

Diese Sammelzahlen werden aus der **Grundzahl + -aine** gebildet, wobei die Endung -e der Grundzahl entfällt. Es sind Substantive, die mit **de** an das folgende Wort angeschlossen werden.

- **une paire** de souliers
- **une dizaine** de garçons
- **une douzaine** de pommes

- **une paire** (ein Paar)
- **une dizaine** (etwa zehn)
- **une douzaine** (ein Dutzend)
- **une vingtaine** (etwa zwanzig)
- **une trentaine** (etwa dreißig)
- **une quarantaine** (etwa vierzig)
- **une cinquantaine** (etwa fünfzig)
- **une soixantaine** (etwa sechzig)
- **une centaine** (etwa hundert)
- **un millier** (etwa tausend)

Bei zusammengesetzten Grundzahlen muß mit **environ** umschrieben werden.

- **soixante-dix** bouteilles **environ**
  (**etwa siebzig** Flaschen)

Die Vervielfältigungszahlen (les mots multiplicatifs)

Außer **simple, double, triple** und **centuple** werden die Vervielfältigungszahlen meist aus **Grundzahl + fois autant** gebildet.

- Il a reçu **le double.**
- Il a reçu **quatre fois autant**.

- **simple** (einfach)
- **(le) double** ((das) Doppelt(e))
- **(le) triple** ((das) Dreifach(e))
- **quatre fois autant** (viermal so viel)
- ...
- **(le) centuple** ((das) Hundertfach(e))

Ausdrücke wie *doppelt, dreimal ... so* + Adjektiv + *wie* werden aus der Grundzahl und dem Komparativ des Adjektivs gebildet, also **deux, trois ... fois plus + Adjektiv + que**.

- Ce livre est **trois fois plus cher que** l'autre.
- Ce texte est **deux fois plus long que** l'autre.

Die Uhrzeit und andere Zeitangaben

Die Uhrzeit (les heures d'horloge)

Bei Zeitangaben in Stunden muß **heure(s)** hinzugefügt werden. **Minute(s)** wird meist weggelassen.
Bei offiziellen Zeitangaben werden 24 Stunden gezählt.

- Il est **une heure cinq minutes.**
- A **trois heures dix.**
- Le train arrive à **vingt heures.**
- Le train part à **dix-neuf heures.**

Das Datum (la date)

Beim Datum werden - im Gegensatz zum Deutschen - die Grundzahlen verwendet. Nur für den Ersten des Monats steht die Ordnungszahl. In allen anderen Fällen steht die Grundzahl.

- **le premier** avril
- **le quinze** avril
- Paris, **le quinze avril 1993**

Das Datum im Brief wird, nicht wie im Deutschen durch Punkt, sondern durch Schrägstrich getrennt.

- **Paris, le quinze avril 1993**
- **(Paris,) 15/04/1993**
  ((Paris,) 15.04.1993)

Das Alter (l'âge)

Das Alter wird angegeben mit **avoir + Grundzahl + an(s).** Im Deutschen wird zur Angabe des Alters *sein* verwendet.

- J'**ai trente ans.**
  (Ich **bin dreißig Jahre alt.**)

Die Uhrzeit (les heures d'horloge)

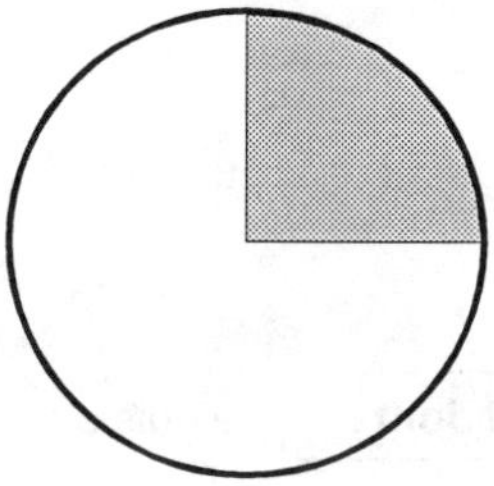

un quart d'heure

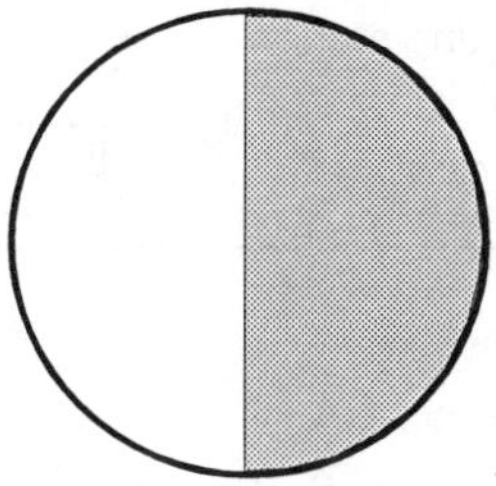

une demi-heure

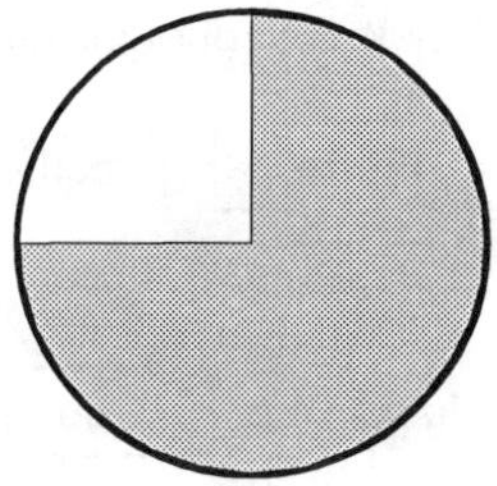

trois quarts d'heure

Quelle heure est-il?

Il est une heure et quart,
il est une heure quinze

Il est deux heures et demie,
il est deux heures trente

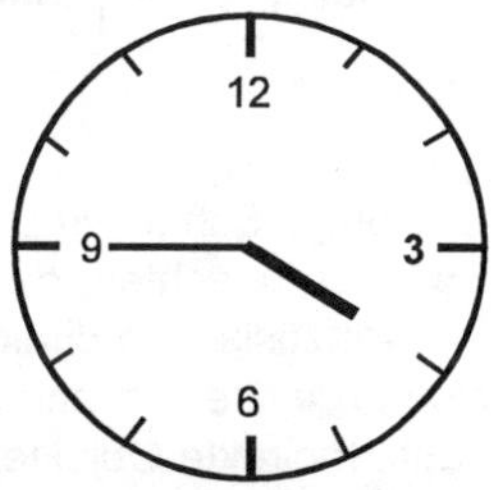

Il est quatre heures
moins le quart,
il est trois heures
quarante-cinq

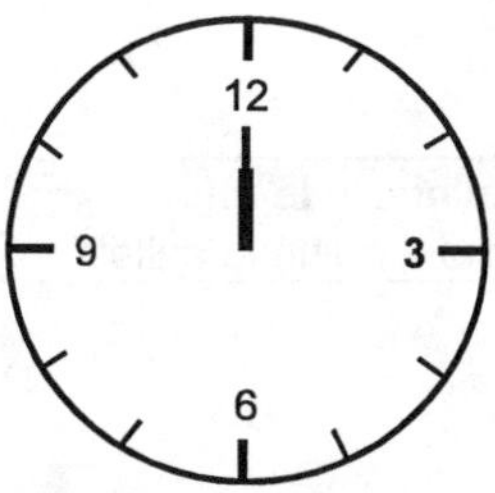

Il est douze heures,
il est midi,
il est minuit

Il est neuf heures vingt
(minutes)

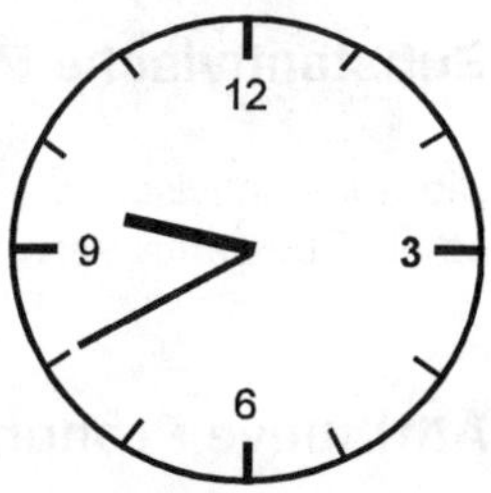

Il est dix heures moins
vingt (minutes)

Das Pronomen (le pronom)

Die Pronomen (Fürwörter) vertreten Personen und Sachen, die Subjekt, indirektes oder direktes Objekt sind oder mit einer de-Ergänzung stehen.

Pierre écrit une lettre. — **Il** écrit une lettre.
Subjekt

Je suis sûr **de cet ami.** — Un ami **dont** je suis sûr.
de-Ergänzung: **être sûr de qn, qc**

Je donne le livre à **Marie.** — Je **lui** donne le livre.
Indirektes Objekt: **donner qc à qn**

Ce matin, j'ai vu **Marie et Claire.** — Ce matin, je **les** ai vu.
Direktes Objekt: **voir qn**

Das obige Schaubild stellt eine generelle Übersicht über die vier Fälle dar.
Es ist zu beachten, daß ein Wort, das im Deutschen zum Beispiel indirektes Objekt (Dativ) ist, im Französischen direktes Objekt (Akkusativ) sein kann und umgekehrt. Um welches Objekt es sich im einzelnen handelt, hängt davon ab, mit welcher Ergänzung das jeweilige Verb stehen kann. Indirekte Objekte werden meist mit der Präposition **à** oder **de** an das Verb angeschlossen und sind folglich auch durch ein indirektes Objektpronomen zu ersetzen. Direkte Objekte werden ohne Präposition an das Verb angeschlossen und sind folglich auch durch ein direktes Objektpronomen zu ersetzen.

Substantivische Pronomen (pronoms)

Die substantivischen Pronomen können ohne ein Substantiv verwendet werden.

- Où est ton livre? - J'ai oublié **le mien.**
- Avez-vous vu **celui** qui a quitté la salle?

Attributive Pronomen (les déterminants)

Die attributiven Pronomen stehen immer mit einem Substantiv.

- Où est **ton** *livre*?
- J'ai lu **ce** *livre.*

Das Personalpronomen (le pronom personnel)

Das Personalpronomen (persönliches Fürwort) vertritt Personen und Sachen.

Das verbundene, unbetonte Personalpronomen (le pronom personnel conjoint, atone)

Das verbundene oder unbetonte Personalpronomen vertritt Personen und Sachen, die Subjekt, indirektes oder direktes Objekt sind und muß immer in Verbindung mit einem Verb stehen (daher der Name verbundenes Personalpronomen).

Nu.	Pers.	Genus	Subjekt	Indirektes Objekt	Direktes Objekt
Sing.	1	mask. / fem.	**je (j')**	**me (m')**	**me (m')**
	2	mask. / fem.	**tu**	**te (t')**	**te (t')**
	3	mask.	**il**	**lui**	**le (l')**
		fem.	**elle**	**lui**	**la (l')**
Plur.	1	mask. / fem.	**nous**	**nous**	**nous**
	2	mask. / fem.	**vous**	**vous**	**vous**
	3	mask.	**ils**	**leur**	**les**
		fem.	**elles**	**leur**	**les**

J', m', t', l'

Diese apostrophierten Formen von **je, me, te** und **le** bzw. **la** stehen vor Wörtern, die mit Vokal oder stummen -h beginnen.

- **J'**ai vu Marie.
- Il **m'**a vu.
- Je **l'**ai vu.

Tu, te, vous

Tu, **te** sind Anredepronomen für eine Person, die man duzt (du, dir, dich). **Tu** richtet sich an eine Person, die Subjekt ist, **te** richtet sich an eine Person, die indirektes oder direktes Objekt ist.
Vous dient zur Anrede von mehreren Personen, die man duzt (ihr, euch) oder siezt (Sie, Ihnen).
Im Deutschen werden die Anredepronomen bei direkter Anrede groß geschrieben.

- **Tu** as dormi assez longtemps.
- Je **t'**ai vu ce matin.
- Je **te** donne le livre.
- **Vous** êtes arrivés assez tard.
- Je **vous** ai vu ce matin.
- Je **vous** donne le livre.

Il, ils und elle, elles

Il(s) und **elle(s)** vertreten nicht nur Personen sondern auch Sachen, die Subjekt sind.
Dabei steht **il** bzw. **ils** für eine bzw. mehrere männliche Personen oder Sachen, **elle** bzw. **elles** für weibliche.

- *Pierre* dort. - **Il** dort.
- *Marie et Jeanne* lisent. **Elles** lisent.
- Voilà *un livre*. **Il** est à Pierre.
- Voilà *deux voitures*. **Elles** sont à Pierre et Jean.

Lui, leur

Lui, leur und alle anderen indirekten Objektpronomen vertreten Personen (keine Sachen), die indirektes Objekt sind.
Lui vertritt eine männliche oder weibliche Person, **leur** mehrere.

- Il donne le livre *à Pierre*. Il **lui** donne le livre.
- Il donne le livre *à Jeanne et Marie*. Il **leur** donne le livre.

Le, la, les

Le, la, les und alle anderen direkten Objektpronomen vertreten Personen und Sachen, die direktes Objekt sind.
Le bzw. **la** vertreten eine männliche bzw. weibliche Person oder Sache, **les** vertritt mehrere männliche oder weibliche Personen oder Sachen.

- Je vois *Pierre*. Oui, je **le** vois.
- Je vois *la voiture*. Oui, je **la** vois.
- Voilà *Pierre et Jean*. Oui, je **les** vois.
- Voilà *les voitures*. Oui, je **les** vois.

Neben seiner ursprünglichen Funktion, in der es ein direktes Objekt ersetzt, steht **le** auch in der Funktion eines neutralen Pronomens (es) bezüglich eines ganzen Satzinhalts.

- Veux-tu qu'il soit puni? - Oui, je **le** veux.
  (Willst du, daß er bestraft wird? - Ja, ich will **(es)**.)
- Est-ce qu'il vient? - Je ne **le** crois pas.
  (Kommt er? - Ich glaube **(es)** nicht.)

Das unverbundene, betonte Personalpronomen (le pronom personnel disjoint, tonique)

Das unverbundene oder betonte Personalpronomen vertritt Personen (nicht Sachen), die Subjekt, indirektes oder direktes Objekt sind. Sie stehen ohne Verb.

Nu.	Pers.	Genus	Subjekt	Indirektes Objekt	Direktes Objekt
Sing.	1	mask. / fem.	**moi**	**moi**	**moi**
	2	mask. / fem.	**toi**	**toi**	**toi**
	3	mask.	**lui**	**lui**	**lui**
		fem.	**elle**	**elle**	**elle**
Plur.	1	mask. / fem.	**nous**	**nous**	**nous**
	2	mask. / fem.	**vous**	**vous**	**vous**
	3	mask.	**eux**	**eux**	**eux**
		fem.	**elles**	**elles**	**elles**

Hervorhebung

Die betonten Personalpronomen stehen zur Hervorhebung, besonders nach **ce + être** (+ **qui/que)** oder mit **seul, même** (selbst).
Même richtet sich in Geschlecht und Zahl nach dem Pronomen und wird mit Bindestrich angeschlossen.

- *C'est* **moi** *qui* sonne.
- *C'était* **moi** *qui* avais sonné.
- **Lui** *seul* peut résoudre ce problème.
- **Eux**-*mêmes* l'ont dit.

Die betonten Personalpronomen müssen bei der Hervorhebung durch die unbetonten Personalpronomen der 1. und 2. Person wieder aufgenommen werden, die der 3. Person können weggelassen werden.

- **Moi,** *je* vais lire ce livre.
- **Toi,** *tu* dois écrire cette lettre.
- **Lui,** *(il)* n'a pas encore commencé à travailler.

Imperativ

Pronomen werden an den bejahten Imperativ mit Bindestrich angeschlossen.
Die betonten Personalpronomen stehen in der 1. und 2. Person.
In der 3. Person stehen die unbetonten Personalpronomen.
Le, la bzw. **les** stehen für eine bzw. mehrere männliche, weibliche Personen oder Sachen, die direktes Objekt sind.
Lui bzw. **leur** stehen für eine bzw. mehrere männliche und weibliche Personen, die indirektes Objekt sind.
Die unbetonten Pronomen stehen auch beim verneinten Imperativ.

- Regarde-**moi.**
- Regarde-**toi.**
- Regarde-**nous.**
- Regarde-**vous.**
- Regarde *Pierre.* Regarde-**le.**
- Ferme *les portes.* Ferme-**les.**
- Ecris une lettre *à Pierre.* Ecris-**lui**.
- Ecris une lettre *à Marie et Jeanne.* Ecris-**leur**.
- *Ne* **me** *regarde pas.*

Vergleich

Im Vergleich stehen die unverbundenen, betonten Personalpronomen nach **que.**

- Je ne connais personne qui soit plus aimable *que* **toi.**

Präpositionen

Nach allen Präpositionen und besonders nach **à** zum Ausdruck des Besitzens.

- Elle est partie *sans* **eux.**
- Ce livre *est à* **lui.**
  (Dieses Buch *gehört* **ihm.**)

Sätze ohne Verb

In Sätzen ohne Verb.

- Je partirai demain matin. - **Moi** aussi.
  (Ich werde morgen früh abreisen. - **Ich** auch.)

Die Stellung des Personalpronomens (la place du pronom personnel)

Beim Verb

Das unbetonte Objektpronomen steht unmittelbar vor dem konjugierten Verb, auch wenn das Verb verneint ist. Die Verneinung umschließt dann Objektpronomen und konjugiertes Verb.

Subjekt(pronomen)	(ne)	**Objektpronomen**	Verb	(pas)
• Il	(ne)	**le**	connais	(pas).

Subjekt(pron.)	ne	**Objektpron.**	Hilfsverb	pas	Vollverb
• Il	ne	**l'**	a	pas	écrite.

Grundsätzlich stehen die unbetonten indirekten Objektpronomen vor den direkten Objektpronomen.

Subjekt(pronomen)	**indir. Obj. pron.**	**direktes Obj. pron.**	Prädikat
• Il	**me**	**l'**	a écrit.

Die unbetonten direkten Objektpronomen der 3. Person Singular und Plural **(le, la, les)** stehen jedoch immer vor den indirekten Objektpronomen der 3. Person Singular und Plural (**lui, leur**). Nur **le, la** und **les** können mit den indirekten Objektpronomen verbunden werden. Die anderen direkten Objektpronomen schließen die indirekten Objektpronomen mit einer Präposition (meist **à**) an.

Subjekt(pronomen)	**le, la, les**	**lui, leur**	Prädikat
• Il	**la**	**lui**	a écrite.

Subjekt(pronomen)	**direktes Obj. pron.**	Prädikat	**indirektes Obj. pron.**
• Je	**me**	joins	**à vous.**

Beim Infinitiv

Die unbetonten Objektpronomen stehen, unter Berücksichtigung der oben beschriebenen Reihenfolge, geschlossen vor dem Infinitiv.

Subjekt(pron.)	Vollverb	**indir. Obj. pron.**	**dir. Obj. pron.**	Infinitiv
• Il	va	**te**	**l'**	écrire.

Steht der Infinitiv nach den Verben der Sinneswahrnehumg (**voir, entendre, écouter, sentir, regarder**) oder den Verben des Veranlassens, Zulassens (**laisser, faire, envoyer, mener**), so stehen die Pronomen vor diesen Verben.

Subjekt(pron.)	**indir. Obj.pron.**	**dir. Obj.pron.**	Verb	Infinitiv
• Il	**me**	**la**	vu	écrire.
• Il	**me**	**la**	laisse	écrire.

Beim Imperativ

Die unbetonten und betonten Objektpronomen stehen, unter Berücksichtigung der oben beschriebenen Reihenfolge, unmittelbar nach dem bejahten Imperativ und werden mit diesem durch Bindestrich verbunden.

Bejahter Imperativ	**Objektpronomen**	Objekt
• Donnez-	**moi**	le livre.
• Regarde-	**le.**	

Bejahter Imperativ	**le ,la, les**	**lui, leur**
• Donnez-	**la-**	lui.

Bejahter Imperativ	**direktes Objektpronomen**	**indir. Obj. pron. + Präp.**
• Présentez-	**moi**	**à lui.**

Ist der bejahte Imperativ ein Verb des Veranlassens, Zulassens + Infinitiv, so stehen die Objektpronomen, unter Berücksichtigung der oben erläuterten Reihenfolge, nach dem Imperativ. Der Infinitiv steht nach den Objektpronomen. Es wird das Objektpronomen mit Bindestrich angeschlossen, das sich auf den Imperativ bezieht.

Imperativ	**direktes Obj. pron.**	**indirektes Obj. pron.**	Infinitiv
• Laisse-	**le**		parler.
• Laisse-	**le**	**lui**	parler.

Beim verneinten Imperativ umschließt die Verneinung die Pronomen und das Verb. Die Reihenfolge der Pronomen richtet sich nach den oben beschriebenen Regeln.

Ne	**direktes Objektpron.**	**indir. Objektpron.**	Imperativ	pas
• Ne	**le**	**lui**	dites	pas.

Ist der verneinte Imperativ ein Verb des Veranlassens, Zulassens (**laisser, faire**) + Infinitiv und ist nur ein direktes Objektpronomen vorhanden, so steht dieses unmittelbar vor diesen Verben. Die Verneinung umschließt das Pronomen und das Verb des (Veran-, Zu)Lassens.

Ne	**direktes Obj. pron.**	Imperativ	pas	Infinitiv
• Ne	**le**	laisse	pas	dire.

Bei direktem und indirektem Objektpronomen, steht das indirekte Objektpronomen unmittelbar vor dem Verb des (Veran-, Zu)Lassens, das direkte Objektpronomen steht unmittelbar vor dem Infinitv.

Ne	**indir. Obj. pron.**	Imperativ	pas	**dir. Obj. pron.**	Infinitiv
• Ne	**lui**	laisse	pas	**la**	prendre.

Das Reflexiv- und Reziprokpronomen (le pronom réfléchi et réciproque)

Das Reflexivpronomen (rückbezügliches Fürwort) und das Reziprokpronomen (Fürwort der Gegenseitigkeit) bezieht sich "zurück" auf das Subjekt, d. h. Pronomen und Subjekt bezeichnen dieselbe Person. Reflexivpronomen und Reziprokpronomen haben dieselbe Form, das Reziprokpronomen kommt jedoch nur im Plural vor.

Person/ Genus	1. Person Singular	2. Person Singular	3. Person Singular	1. Person Plural	2. Person Plural	3. Person Plural
mask. / fem.	**me (m')**	**te (t')**	**se (s')**	**nous**	**vous**	**se (s')**
			soi			**soi**

Die Reflexivpronomen stehen bei den reflexiven Verben. Die Reziprokpronomen stehen bei den reziproken Verben und werden nur im Plural verwendet.

- Il **s'***écrie*: „Reviens!“
- Ils **se** *connaissent* depuis longtemps.

M', t', s'

M', t' und **s'** stehen vor Wörtern, die mit Vokal oder stummem -h beginnen.

- Je **m'**amuse.
- Tu **t'**amuses.

Se

Das Reflexivpronomen **se** bezieht sich auf **il, elle** und auch auf **on.**

- *On* **se** connaît depuis longtemps.
- *On* **se** voit chaque jour.

Soi

Soi bezieht sich auf ein unbestimmtes Subjekt (**on, chacun**, **il, cela)** und kann durch **même,** mit dem es durch Bindestrich verbunden wird, verstärkt werden.
Bezüglich eines bestimmten Subjekts steht **lui, eux** etc. Bezeichnet das bestimmte Subjekt einen bestimmten "Typ", eine bestimmte Gruppe von Mensch, steht **soi.**

- *Personne* ne veut vivre pour **soi.**
- *Personne* ne veut vivre pour **soi**-*même.*
- *Cela* va de **soi.**
- *Il* faut avoir confiance en **soi.**
- *Cet égoïste* ne pense qu'à **lui.**
- *L'égoïste* ne pense qu'à **soi.**

Das Possessivpronomen (le pronom possessif)

Das Possessivpronomen (besitzanzeigendes Fürwort) drückt ein Besitzverhältnis aus.

Das attributive Possessivpronomen (le déterminant possessif)

Das attributive Possessivpronomen bezieht sich auf Personen und Sachen und richtet sich in Geschlecht und Zahl nach dem Substantiv auf das es sich bezieht, also nach dem Besitzobjekt und nicht nach dem Geschlecht des Besitzers.

Nu.	Pers.	Genus	Singular	Plural
Sing.	1	mask.	**mon**	**mes**
		fem.	**ma**	**mes**
	2	mask.	**ton**	**tes**
		fem.	**ta**	**tes**
	3	mask.	**son**	**ses**
		fem.	**sa**	**ses**
Plur.	1	mask.	**notre**	**nos**
		fem.	**notre**	**nos**
	2	mask.	**votre**	**vos**
		fem.	**votre**	**vos**
	3	mask.	**leur**	**leurs**
		fem.	**leur**	**leurs**

Mon, ton, son

Mon, ton und **son** stehen vor männlichen aber auch vor weiblichen Substantiven, die mit Vokal oder stummem -h beginnen.

- Ce matin, j'ai rencontré **ton** *ami.*
- Ce matin, j'ai rencontré **ton** *amie.*

Son, sa, ses, leur und leurs

Zu **son** und **sa** wird gelegentlich **à lui** und **à elle** hinzugefügt, um Mißverständnisse zu vermeiden.

- Elle lui montre **sa** chambre **à elle**.
  (Sie zeigt **ihm ihr** Zimmer.)
- Elle lui montre **sa** chambre **à lui**.
  (Sie zeigt **ihm sein** Zimmer.)

Son bzw. **sa** bezeichnet einen Besitzer und ein männliches bzw. weibliches Besitzobjekt,
ses bezeichnet einen Besitzer und mehrere Besitzobjekte,
leur bezeichnet mehrere Besitzer und ein Besitzobjekt,
leurs bezeichnet mehrere Besitzer und mehrere Besitzobjekte.

- *Il* a perdu **son** *livre*.
  (*Er* hat **sein** *Buch* verloren.)
- *Il* a perdu **ses** *livres*.
  (*Er* hat **seine** *Bücher* verloren.)
- *Ils* ont perdu **leur** *livre*.
  (*Sie* haben **ihr** *Buch* verloren.)
- *Ils* ont perdu **leurs** *livres*.
  (*Sie* haben **ihre** *Bücher* verloren.)

Besitzer/ Besitzobjekt	Ein Besitzobjekt	Mehrere Besitzobjekte
ein Besitzer	**son, sa**	**ses**
mehrere Besitzer	**leur**	**leurs**

Körperteile, Kleidungsstücke

Das attributive Possessivpronomen steht zur Bezeichnung von Kleidungsstücken. Im Deutschen steht hier häufig der bestimmte Artikel.
Bei Körperteilen steht es nur, wenn auf etwas Bekanntes hingewiesen wird oder wenn der Körperteil näher bestimmt ist (besonders bei Krankheiten). In allen anderen Fällen steht der bestimmte Artikel.

- Enlevez **vos** *chaussures*.
  (Ziehen Sie **die** *Schuhe* aus.)
- Ma mère a encore **sa** *migraine*.
- Donnez-moi **le** *bras*.

Das substantivische Possessivpronomen (le pronom possessif)

Das Possessivpronomen vertritt Personen und Sachen und richtet sich in Geschlecht und Zahl nach dem Wort, das es vertritt.

Nu.	Pers.	Genus	Singular	Plural
Sing.	1	mask.	**le mien**	**les miens**
		fem.	**la mienne**	**les miennes**
	2	mask.	**le tien**	**les tiens**
		fem.	**la tienne**	**les tiennes**
	3	mask.	**le sien**	**les siens**
		fem.	**la sienne**	**les siennes**
Plur.	1	mask.	**le nôtre**	**les nôtres**
		fem.	**la nôtre**	**les nôtres**
	2	mask.	**le vôtre**	**les vôtres**
		fem.	**la vôtre**	**les vôtres**
	3	mask.	**le leur**	**les leurs**
		fem.	**la leur**	**les leurs**

Grundsätzlich steht das substantivische Possessivpronomen mit dem bestimmten Artikel. Wird es prädikativ gebraucht, d. h. ist es mit dem Substantiv durch ein Verb (meist **être**) verbunden, so steht es ohne Artikel.

- Cette idée m'a plu et je l'*ai faite* **mienne**.
- Cette maison *est devenue* **mienne**.

Beziehen sich mehrere Possessivpronomen auf ein Substantiv, so steht das substantivische Possessivpronomen nach dem Substantiv. Vor dem Substantiv steht das attributive Possessivpronomen.
Sien(ne), sien(ne)s und **leur, leurs** verhalten sich wie **son, sa, ses** und **leur, leurs.**

- *mon* avantage et **le sien**
  (*mein* Vorteil und **der seine**)
- *mes* clés et **les siennes**
  (*meine* Schlüssel und **die seinen**)
- *mon* livre et **le leur**
  (*mein* Buch und **das ihre**)
- *tes* maisons et **les leurs**
  (*deine* Häuser und **die ihren**)

Das Demonstrativpronomen (le pronom démonstratif)

Das Demonstrativpronomen (hinweisendes Fürwort) weist auf bestimmte Personen oder Sachen.

Das substantivische Demonstrativpronomen (le pronom démonstratif)

Dem. pron.	Pers.	Genus	Singular	Plural
celui	3	mask.	**celui**	**ceux**
		fem.	**celle**	**celles**
celui-ci	3	mask.	**celui-ci**	**ceux-ci**
		fem.	**celle-ci**	**celles-ci**
celui-là	3	mask.	**celui-là**	**ceux-là**
		fem.	**celle-là**	**celles-là**
ce, c'				
cela				
ceci				
ça				

	celui	**celui-ci**	**celui-là**
Stellvertretend für Näherliegendes/ Fernerliegendes	**Celui** weist auf bestimmte Personen oder Sachen (derjenige). Sie stehen immer mit einer Ergänzung (meist **de**) oder vor einem Relativsatz.	**Celui-ci** weist auf Personen oder Sachen in der Nähe (dieser). In Aufzählungen weist es auf das Zuletztgenannte.	**Celui-là** weist auf Personen oder Sachen in der Ferne (jener). In Aufzählungen weist es auf das Zuerstgenannte.

celui	celui-ci	celui-là
• Avez-vous vu **celui** *qui* a quitté la salle? • Comme j'ai oublié mes fleurs, j'ai pris **celles** *de Pierre.*	• Regardez ces deux voitures. - Pourriez-vous me montrer **celle-ci**? • Sartre et Camus étaient deux écrivains français, **celui-ci** (Camus) a écrit 'La Peste'.	• Regardez ces deux voitures. - Pourriez-vous me montrer **celle-là**? • Sartre et Camus étaient deux écrivains français, **celui-là** (Sartre) a écrit 'Les Mouches'.

ceci	cela
Ceci weist auf näherliegende Sachen (nicht Personen) (dieser).	**Cela** weist auf fernerliegende Sachen (nicht Personen) (jener).
• Nous avons *deux livres* ici. - Donnez-moi **ceci.**	• Nous avons *deux voitures* ici. - Montrez-moi **cela.**

Stellvertretend für einen Satzinhalt

ceci	cela	ça
Ceci weist auf einen bestimmten und zwar folgenden Sachverhalt.	**Cela** weist auf einen bestimmten und zwar vorangehenden Sachverhalt.	**Ça** weist auf einen bestimmten und zwar vorangehenden Sachverhalt.
• Je vous dirais **ceci ...**	• Il a quitté sa femme. - Qu'est-ce que vous dites à **cela**?	• Il a quitté sa femme. - Avez-vous appris **ça?**

Als neutrales Subjekt

cela	ça
Cela steht als neutrales Subjekt, besonders wenn das neutrale Subjekt **il** zu Verwechslungen mit einer Person führen könnte.	**Ça** steht als neutrales Subjekt, besonders wenn das neutrale Subjekt **il** zu Verwechslungen mit einer Person führen könnte.
• **Cela** sent bon. (**Es** riecht gut.) • **Il** sent bon. (**Es/er** riecht gut.)	• **Ça** arrive souvent. (**Das** kommt oft vor.) • **Il** arrive souvent (que ...) (**Er** kommt oft**/es** kommt oft vor, daß...)

	ce	il
Mit prädikativen Ergänzungen	**Ce** + **être** steht in Verbindung mit einer prädikativen Ergänzung. **Ce** + **être** + prädikatives Adjektiv weist auf einen vorangehenden Satz oder Infinitiv oder einen folgenden que-Satz oder Infinitiv. Vor Vokal oder stummem -h wird **ce** zu **c'**.	**Il** + **être** + prädikatives Adjektiv weist auf einen folgenden que-Satz oder Infinitiv.
	• **C'***est un problème.* • Il a quitté sa femme. **C'***est incroyable.* • Ce problème est difficile à résoudre, **c'***est clair.* • **C'***est clair* que ce problème est difficile à résoudre.	• **Il** *est clair que* ce problème est difficile à résoudre. • **Il** *est impossible de vouloir* le convaincre.

cela	ça
Bei **être** + prädikative Ergänzung kann **cela** stehen, wenn **être** das Modalverb **devoir** oder **pouvoir** vorausgeht.	Bei **être** + prädikative Ergänzung kann **ça** stehen, wenn **être** das Modalverb **devoir** oder **pouvoir** vorausgeht.
• **Cela** *pourrait être un problème.* (**Ce** *pourrait être un problème.*)	• **Ça** *pourrait être un problème.* (**Ce** *pourrait être un problème.*)

Das attributive Demonstrativpronomen (le déterminant démonstratif)

Pers.	Genus	Singular	Plural
3	mask.	**ce, cet**	**ces**
	fem.	**cette**	**ces**

Cet steht vor männlichen Substantiven, die mit Vokal oder stummen -h beginnen.

- **cet** *enfant*
- **cet** *homme*

Zur Hervorhebung kann **-ci** bzw. **-là** an das Substantiv angehängt werden.
Dabei weist **-ci** auf das Näherliegende und **-là** auf das Fernerliegende.

- Pourriez-vous me donner **ce** *livre*-**ci**?
- Avez-vous vu **ces** *gens*-**là**?

Das Relativpronomen (le pronom relatif)

Das Relativpronomen (bezügliches Fürwort) bezieht sich auf unmittelbar vorausgehende Substantive, die Subjekt, indirektes oder direktes Objekt oder eine de-Ergänzung sind. Sie leiten einen Nebensatz, den sogenannten Relativsatz ein.

Rel. pron.	Nu.	Pers.	Genus	Subjekt	de-Ergänzung	Indirektes Objekt	Direktes Objekt
qui	Sing.	3	mask.	**qui**	**de qui**	(Präp. +) **qui**	(Präp. +) **qui**
			fem.	**qui**	**de qui**	(Präp. +) **qui**	(Präp. +) **qui**
	Plur.	3	mask.	**qui**	**de qui**	(Präp. +) **qui**	(Präp. +) **qui**
			fem.	**qui**	**de qui**	(Präp. +) **qui**	(Präp. +) **qui**
que	Sing.	3	mask.	-	-	-	**que (qu')**
			fem.	-	-	-	**que (qu')**
	Plur.	3	mask.	-	-	-	**que (qu')**
			fem.	-	-	-	**que (qu')**
dont	Sing.	3	mask.	-	**dont**	-	-
			fem.	-	**dont**	-	-
	Plur.	3	mask.	-	**dont**	-	-
			fem.	-	**dont**	-	-
lequel	Sing.	3	mask.	**lequel**	**duquel**	**auquel**	**lequel**
			fem.	**laquelle**	**de laquelle**	**à laquelle**	**laquelle**
	Plur.	3	mask.	**lesquels**	**desquels**	**auxquels**	**lesquels**
			fem.	**lesquelles**	**desquelles**	**auxquelles**	**lesquelles**
ce qui				**ce qui**	-	-	-
ce que				-	-	-	**ce que(qu')**
quoi				**quoi**	-	(Präp. +)**quoi**	(Präp. +)**quoi**
où							

	qui	que
Bezüglich eines Subjekts/ Objekts	**Qui** bezieht sich auf eine oder mehrere Personen oder Sachen, die Subjekt sind. Der Relativsatz selbst hat dann kein Subjekt, d. h. auf **qui** folgt unmittelbar das Prädikat.	**Que** bezieht sich auf eine oder mehrere Personen oder Sachen, die direktes Objekt sind. Der Relativsatz hat dann selbst ein Subjekt, das auf **que** folgt. Vor Vokal oder stummem -h wird **que** zu **qu'** apostrophiert.
	• *Le monsieur* **qui** est gentil. • *Les fleurs* **qui** sont belles.	• *Le monsieur* **que** *j*'ai vu. • *Les fleurs* **que** *j*'ai cueillies.

	qui	lequel
	Qui bezieht sich auf Personen, die Objekt sind und steht in dieser Funktion meist in festen Wendungen. Es steht dann meist in Verbindung mit einer Präposition. Welche Präposition das ist, hängt davon ab, mit welcher Präposition das Verb stehen kann.	**Lequel** bezieht sich auf Personen oder Sachen, die indirektes oder direktes Objekt sind. Personen werden besser durch **qui**, Sachen können nur durch **lequel** vertreten werden. Nach **parmi** und **entre** steht immer **lequel** sowohl bezüglich Personen als auch bezüglich Sachen. Zur Vermeidung von Mißverständnissen kann **lequel** auch Subjekte, anstelle von **qui** vertreten.
	• *Ton frère* **à qui** j'ai parlé. (parler à qn). • J'aime **qui** m'aime.	• *Ta sœur à* **laquelle** j'ai parlé. • *Les livres avec* **lesquels** je me suis endormi. • *Les gens parmi* **lesquels** sont mes parents. • Je vous présenterai la fille de *M. Lefèvre*, **lequel** est mon voisin.

	qui	dont	duquel
Bezüglich einer de-Ergänzung	**De qui** bezieht sich auf Personen mit einer de-Ergänzung.	**Dont** bezieht sich auf Personen und Sachen, Verben und Adjektive mit einer de-Ergänzung.	Ein Objekt + **de** kann nur durch **duquel** (oder **de qui**) (nicht durch **dont)** vertreten werden.

qui	dont	duquel
• Je connais *la fille de Monsieur Lefèvre.* - Monsieur Lefèvre **de qui** je connais la fille.	• Je connais *la fille de Monsieur Lefèvre.* - Monsieur Lefèvre **dont** je connais la fille. • On *parle de cet écrivain.* - Un écrivain **dont** on parle. • Je suis *sûr de cet ami.* - C'est un ami **dont** je suis sûr.	• Je me fais du souci pour l'avenir *de cette jeune fille.* - Voilà cette jeune fille pour l'avenir **de laquelle** je me fais du souci.

qui	dont	quoi
Wenn das Bezugswort **quelqu'un** ist, kann **de qui** stehen. **Dont** wird in diesem Fall jedoch bevorzugt.	Wenn das Bezugswort **quelqu'un, quelque chose, rien** oder **ce** ist, wird **dont** bevorzugt.	Wenn das Bezugswort **quelque chose, rien** oder **ce** ist, kann **quoi** stehen. **Dont** wird jedoch bevorzugt.
• C'est *quelqu'un* **de qui** on parle.	• C'est *quelqu'un* **dont** on parle. • *Ce* **dont** je parle.	• C'est *quelque chose* de **quoi** on parle. • S'il savait *ce* à **quoi** je pense.
	Es steht ohne Verb in der Bedeutung *darunter.*	
	• Quelques-uns étaient là, **dont** votre père. (Einige waren da, **darunter** Ihr Vater.)	

Bezüglich unbestimmter Personen, Sachen

qui	quoi
Qui kann ohne Bezug stehen, d. h. es bezieht sich weder auf ein bestimmtes Substantiv noch auf einen bestimmten Satzinhalt, sondern auf unbestimmte Personen. Vor **qui** steht eine Präposition, je nachdem welche Präposition das Verb verlangt.	**Quoi** kann ohne Bezug verwendet werden, d. h. es bezieht sich weder auf ein bestimmtes Substantiv noch auf einen bestimmten Satzinhalt, sondern auf unbestimmte Sachen. Vor **quoi** steht eine Präposition, welche das ist, hängt davon ab, welche Präposition das Verb verlangt.

qui	quoi
• Je ne connais *personne* à **qui** parler de cette affaire.	• Est-ce que vous avez *de* **quoi** écrire? (Haben Sie **etwas** *zum Schreiben*?)

	ce qui	ce que	quoi
Bezüglich eines ganzen Satzinhalts	**Ce qui** steht bezüglich eines ganzen Satzinhalts. Es ist dabei wie **qui** Subjekt. Der Relativsatz selbst hat dann kein Subjekt, d. h. auf **ce qui** folgt das Prädikat, eventuell mit einem vorausgehenden Objekt(pronomen).	**Ce que** steht bezüglich eines ganzen Satzinhalts. Es ist dabei wie **que** direktes Objekt. Der Relativsatz hat dann selbst ein Subjekt, d. h. auf **ce que** folgt unmittelbar das Subjekt.	**Quoi** steht bezüglich eines ganzen Satzinhalts. Vor **quoi** steht eine Präposition. Welche Präposition vor **quoi** steht, hängt davon ab, welche Präposition das Verb verlangt. Auf **quoi** folgt unmittelbar das Subjekt.
	• Dites-moi **ce qui** *vous plaît.* (Sagen Sie mir, **was** Ihnen gefällt.)	• Je sais **ce que** *j'*ai vu. (Ich weiß, **was** *ich* gesehen habe.)	• Dites-moi *de* **quoi** *il* est question. (être question *de*) (Sagen Sie mir, **wovon** die Rede ist.)

	que	où
Bezüglich Zeitangaben	**Que** kann zeitliches Relativ sein. Es gibt jedoch einige feste Redewendungen (**chaque fois que, un jour que** etc.), in denen **que** nicht durch **où** ersetzt werden kann.	**Où** kann zeitliches Relativ sein. In dieser Funktion wird es **que** immer mehr vorgezogen.
	• Maintenant **que** tu es là, nous pouvons partir.	• L'époque **où** nous vivons.
Bezüglich Ortsangaben		**Où** steht bezüglich Ortsangaben.
		• C'est la rue **où** j'habite. • C'est la ville d'**où** il vient.

Das Interrogativpronomen (le pronom interrogatif)

Das Interrogativpronomen (Fragefürwort) leitet Fragesätze ein und fragt nach Personen oder Sachen, die Subjekt, indirektes oder direktes Objekt oder eine de-Ergänzung sind.

Das substantivische Interrogativpronomen (le pronom interrogatif)

Int. pron.	Nu.	Pers.	Genus	Subjekt	de-Ergänzung	Indirektes Objekt	Direktes Objekt
qui	Sing.	3	mask.	**qui**	**de qui**	(Präp.+) **qui**	(Präp.+) **qui**
			fem.	**qui**	**de qui**	(Präp.+) **qui**	(Präp.+) **qui**
	Plur.	3	mask.	**qui**	**de qui**	(Präp.+) **qui**	(Präp.+) **qui**
			fem.	**qui**	**de qui**	(Präp.+) **qui**	(Präp.+) **qui**
que	Sing.	3	mask.	-	-	-	**que (qu')**
			fem.	-	-	-	**que (qu')**
	Plur.	3	mask.	-	-	-	**que (qu')**
			fem.	-	-	-	**que (qu')**
lequel	Sing.	3	mask.	**lequel**	**duquel**	**auquel**	**lequel**
			fem.	**laquelle**	**de laquelle**	**à laquelle**	**laquelle**
	Plur.	3	mask.	**lesquels**	**desquels**	**auxquels**	**lesquels**
			fem.	**lesquelles**	**desquelles**	**auxquelles**	**lesquelles**
ce qui				**ce qui**	-	-	-
ce que				-	-	-	**ce que (qu')**
quoi				**quoi**	-	(Präp.+) **quoi**	(Präp.+) **quoi**

	qui	que	lequel
In Fragen nach dem Subjekt/ Objekt	**Qui** leitet direkte und indirekte Fragesätze ein und fragt nach einer oder mehreren beliebigen Personen, die Subjekt oder Objekt sind. Bei der Frage nach einem Objekt kann es mit einer Präposition stehen. Welche Präposition vor **qui** steht, hängt davon ab, welche Präposition das Verb verlangt.	**Que** leitet direkte und indirekte Fragesätze ein und fragt nach einer oder mehreren beliebigen Sachen, die direktes Objekt sind. Vor Substantiven, die mit Vokal oder stummem -h beginnen, wird **que** zu **qu'** apostrophiert.	**Lequel** leitet direkte und indirekte Fragesätze ein und fragt nach bestimmten Personen oder Sachen aus einer Gruppe, die Objekt oder Subjekt sind. Bei der Frage nach dem Objekt kann es mit einer Präposition stehen. Welche Präposition vor **lequel** steht, hängt davon ab, welche Präposition das Verb verlangt.
	• **Qui** est venu? • Dites-moi **qui** vous avez appelé. • **De qui** parlez-vous? (**parler de** qn)	• C'est *la robe* **que** tu as achetée? • Ce sont *les livres* **que** tu as cherchés?	• Avec **lequel** (de ces deux hommes) a-t-elle travaillé? • Dans cette phrase il y a deux fautes. - **Lesquelles**?

	ce qui	ce que	quoi
In Fragen nach einem ganzen Satzinhalt	**Ce qui** leitet indirekte Fragesätze ein und fragt nach einem ganzen Satzinhalt. Es ist dabei wie **qui** Subjekt, d. h. der Fragesatz selbst hat kein Subjekt, auf **ce qui** folgt unmittelbar das Prädikat (eventuell mit einem vorausgehenden Objekt(pronomen)).	**Ce que** leitet indirekte Fragesätze ein und fragt nach einem ganzen Satzinhalt. Es ist dabei wie **que** direktes Objekt, d. h. der Fragesatz selbst hat ein Subjekt, das unmittelbar auf **ce que** folgt.	**Quoi** leitet direkte und indirekte Fragesätze ein und fragt nach einem ganzen Satzinhalt. Es kann mit einer Präposition stehen. Welche Präposition das ist, hängt davon ab, welche Präposition das Verb verlangt.
	• Dites-moi **ce qui** vous *déplaît.* (Sagen Sie mir, **was** Ihnen *mißfällt.*)	• Dites-moi **ce que** *vous* regardez. (Sagen Sie mir, **was** *Sie* sehen.)	• *A* **quoi** penses-tu? (penser à) • Dis-moi *à* **quoi** tu penses.

Das attributive Interrogativpronomen (le déterminant interrogatif)

Person	Genus	Singular	Plural
3	maskulin	**quel**	**quels**
	feminin	**quelle**	**quelles**

Quel leitet direkte und indirekte Fragesätze ein und fragt nach bestimmten Personen oder Sachen (welcher).

- **Quel** *homme* avez-vous vu?
- Dites-moi **quelles** *fleurs* vous avez vues dans notre jardin.

Da im Französischen ein Fragewort nicht vor ein Adjektiv treten kann wie im Deutschen, treten hierfür Konstruktionen mit **quel** ein.

- **Quel** âge as-tu?
  (**Wie** *alt* bist du?)
- **Quelle** est sa taille?
  (**Wie** *groß* ist er?)

Die Indefinitpronomen (les pronoms et les déterminants indéfinis)

Die Indefinitpronomen (unbestimmte Fürwörter) bezeichnen unbestimmte Personen oder Sachen.

Quelqu'un und personne

	quelqu'un	personne
Zur Bezeichnung einer unbestimmten Person	**Quelqu'un** und seine Formen ist substantivisches Indefinitpronomen und steht in bejahten Sätzen zur Bezeichnung einer bzw. mehrerer unbestimmter Personen ((irgend)jemand bzw. einige, manche).	**Personne** ist substantivisches Indefinitpronomen und steht in bejahten Sätzen, die aber negativen Inhalt haben, zur Bezeichnung einer unbestimmten Person ((irgend)jemand). Der negative Inhalt wird besonders durch Ausdrücke des Zweifels, Komparative, **sans** + Infinitiv, **sans que** + subjonctif ausgedrückt.
	• **Quelqu'un** demande à vous parler. • **Quelques-unes** de ces *maisons* se vendaient bien.	• Je *doute* que **personne** le reconnaisse. • Il le sait *mieux que* **personne.** • Je suis parti *sans que* **personne** s'en aperçoive.
		In verneinten Sätzen zur Bezeichnung einer unbestimmten Person (niemand). Vor dem konjugierten Verb steht **ne.** Fehlt das Verb, so fehlt auch **ne.**
		• Il **n'**y *a* **personne** dans la rue. • Qui l'a vu? - **Personne.**
	In allgemeinen Fragesätzen zur Bezeichnung einer unbestimmten Person ((irgend)jemand).	In Fragesätzen, die eine negative Antwort voraussetzen, zur Bezeichnung einer unbestimmten Person ((irgend)jemand).
	• Y a-t-il **quelqu'un**?	• Connaissez-vous **personne** de plus habile?

Nu.	Pers.	Genus	quelqu'un	personne
Sing.	3	mask.	**quelqu'un** (jemand)	**personne** (niemand; jemand)
		fem.	**quelqu'un** (jemand)	**personne** (niemand; jemand)
Plur.	3	mask.	**quelques-uns** (einige, manche)	-
		fem.	**quelques-unes** (einige, manche)	-

Quelque chose und rien

	quelque chose	rien
Zur Bezeichnung einer unbestimmten Sache	**Quelque chose** ist substantivisches Indefinitpronomen und steht in bejahten Sätzen zur Bezeichnung einer unbestimmten Sache ((irgend)etwas). Es ist in Geschlecht und Zahl stets unveränderlich. Adjektive müssen mit **de** angeschlossen werden.	**Rien** ist substantivisches Indefinitpronomen und steht in bejahten Sätzen, die aber negativen Inhalt haben, zur Bezeichnung einer unbestimmten Sache ((irgend)etwas). Der negative Inhalt wird besonders durch **ne ... jamais, sans** + Infinitiv, **sans que** + subjonctif ausgedrückt. Es ist in Geschlecht und Zahl stets unveränderlich.
	• Je sais **quelque chose** que tu ne sais pas. • Il a **quelque chose** *de bon* pour vous.	• Il *n'*a *jamais* **rien** dit de tel. • Il est arrivé *sans dire* **rien.** • Il est arrivé *sans qu*'il *dise* **rien.**
		In verneinten Sätzen zur Bezeichnung einer unbestimmten Sache (nichts). Vor dem konjugierten Verb steht **ne.** Fehlt das Verb, so fehlt auch **ne.** Adjektive müssen mit **de** angeschlossen werden.
		• Je **ne** pouvais **rien** voir. • As-tu vu quelque chose? - Non, **rien.** • Il **n'**a **rien** *de bon* pour vous.

quelque chose	rien
In allgemeinen Fragesätzen zur Bezeichnung einer unbestimmten Sache (etwas).	In Fragesätzen, die eine negative Antwort voraussetzen zur Bezeichnung einer unbestimmten Sache (etwas).
• Vous prendrez bien **quelque chose**?	• A-t-on jamais **rien** vu de pareil?

Quelque und aucun

Zur Bezeichnung unbestimmter Personen oder Sachen

quelque	aucun
Quelque und seine Formen ist attributives Indefinitpronomen und steht in bejahten Sätzen zur Bezeichnung einer bzw. mehrerer unbestimmter Personen oder Sachen (irgendeiner bzw. einige).	**Aucun** und seine Formen ist attributives Indefinitpronomen und steht in bejahten Sätzen, die aber negativen Inhalt haben, zur Bezeichnung einer unbestimmten Person oder Sache ((irgendeiner, jeder). Der negative Inhalt wird besonders durch **sans** + Substantiv ausgedrückt.
• J'ai consulté **quelque** *médecin.* • J'ai déjà vendu **quelques** *maisons.* • Le train était arrivé avec **quelque** *retard.* (Der Zug kam mit **etwas** *Verspätung* an.)	• Je ne crois pas qu'**aucun** *homme* soit pleinement heureux. • Il a réussi à l'examen *sans difficulté* **aucune.**
	Es ist substantivisches Indefinitpronomen und steht in verneinten Sätzen zur Bezeichnung einer bzw. mehrerer unbestimmter Personen oder Sachen (kein einziger bzw. keine). Vor dem konjugierten Verb steht **ne.** Fehlt das Verb, so fehlt auch **ne.**
	• Je **ne** connais **aucun** de ses frères. • Avez-vous écrit les lettres? - Je **n'**en ai **aucune** de terminée.

Nu.	Pers.	Genus	quelque		aucun	
Sing.	3	mask.	**quelque**	(irgendein)	**aucun**	(kein einziger; irgendeiner)
		fem.	**quelque**	(irgendeine)	**aucune**	(keine einzige; irgendeine)
Plur.	3	mask.	**quelques**	(einige)	**aucuns**	(keine)
		fem.	**quelques**	(einige)	**aucunes**	(keine)

On

Zur Bezeichnung einer unbestimmten Person

on	
Es ist substantivisches Indefinitpronomen und bezeichnet eine unbestimmte Person (man) und ist immer Subjekt. Es wird in der Umgangssprache häufig für **nous** verwendet. Das entsprechende Objektpronomen ist dann **nous** (uns). In seiner ursprünglichen Bedeutung (man), lautet das entsprechende Objektpronomen **vous.**	• **On** fait ce qu'**on** peut. (**Man** tut was **man** kann.) • **On** va faire une promenade. - Tu **nous** accompagnes? (**Wir** machen einen Spaziergang. - Begleitest du **uns**?) • Quand **on** est inquiet, rien ne peut **vous** distraire. (Wenn **man** unruhig ist, kann **einen** nichts ablenken.)

Chacun und chaque

Zur Bezeichnung jeder einzelnen Person oder Sache

chacun	chaque
Chacun und seine Formen ist substantivisches Indefinitpronomen und steht zur Bezeichnung jeder einzelnen Person aus einer Gruppe (jeder).	**Chaque** ist attributives Indefinitpronomen und steht zur Bezeichnung jeder einzelnen Person oder Sache aus einer Gruppe (jeder). Es ist in Geschlecht und Zahl unveränderlich.
• **Chacun** (de nous) a réussi à l'examen.	• **Chaque** *jour* de beau temps, il se promène.

Nu.	Pers.	Genus	chacun		chaque	
Sing.	3	mask.	**chacun**	(jeder)	**chaque**	(jeder)
		fem.	**chacune**	(jede)	**chaque**	(jede)

Tout

Zur Bezeichnung "aller" Personen oder Sachen

tout	
Tout und seine Formen ist substantivisches und attributives Indefinitpronomen und bezeichnet „alle“ Personen oder Sachen ohne Ausnahme (alle, jeder) oder die Gesamtheit (alles; ganz). Als attributives Indefinitpronomen steht es mit dem bestimmten Artikel, dem Possessiv- oder Demonstrativpronomen. Wenn es einen Relativsatz einleitet, muß das Demonstrativpronomen **ce** nach **tout** stehen.	• Venez **tous** ici. • La première personne de **toutes** est venue. • Il se promène **tous** *les jours.* • **Toutes** *ses filles* sont venues. • C'est **tout.** • Nous avons préparé **tout** *l'appartement.* • **Toute** *l'école* s'est moquée de ce professeur. • **Tous** *ceux qui* avaient fait leurs devoirs ont compris cette règle.

Nu.	Pers.	Genus	Substantivisches Indefinitpron.		Attributives Indefinitpronomen	
Sing.	3	mask.			**tout (le)**	(der ganze)
		fem.			**toute (la)**	(die ganze)
			tout	(alles)		
Plur.	3	mask.	**tous**	(alle)	**tous (les)**	(alle, jeder)
		fem.	**toutes**	(alle)	**toutes (les)**	(alle, jede)

Autre

Zur Bezeichnung "anderer" Personen und Sachen

autre	
Autre und seine Formen ist substantivisches und attributives Indefinitpronomen und steht zur Bezeichnung einer bzw. mehrerer "anderer" Personen oder Sachen (der andere bzw. die anderen). Es wird mit dem Artikel, Demonstrativ- oder Possessivpronomen verbunden. Steht vor **autre** ein Zahlwort, eine Präposition, entfällt der Artikel.	• Donnez-moi **les autres.** • Tous **les autres** *passagers* ont été sauvés. • J'estime aussi *ses* **autres** *capacités.* • Donnez-moi *deux* **autres** *livres.* • Elle l'a quitté *sans* **autres** *explications.*

	autre	
Zur Bezeichnung eines ganzen Satzinhalts	Zur Bezeichnung eines ganzen Satzinhalts (anders) ist es in Geschlecht und Zahl unveränderlich.	• Elle est tout **autre.** (Sie ist ganz **anders.**)

Nu.	Pers.	Genus	autre	
Sing.	3	mask.	**(l', un) autre**	(der, ein andere, r)
		fem.	**(l', une) autre**	(die, eine andere)
			autre	(anders)
Plur.	3	mask.	**(les) autres**	(die anderen)
		fem.	**(les) autres**	(die anderen)

Certain

	certain	
Zur Bezeichnung „gewisser" Personen(gruppen)	**Certain** und seine Formen ist substantivisches und attributives Indefinitpronomen und steht zur Bezeichnung einer bzw. mehrerer „gewisser" Personen oder Sachen (ein gewisser bzw. gewisse, manche).	• **Un certain** *monsieur Laffont* est arrivé hier. • **Certains** pensent qu'il est un voleur. • Ce cas est lié à **certaines** *conditions.*

Nu.	Pers.	Genus	certain			
Sing.	3	mask.	-		**un certain**	(ein gewisser)
		fem.	-		**une certaine**	(eine gewisse)
Plur.	3	mask.	**certains**	(manche)	**certains**	(gewisse)
		fem.	**certaines**	(manche)	**certaines**	(gewisse)

Die Pronominaladverbien en und y (les adverbes pronominaux en et y)

Die Pronominaladverbien **en** und **y** sind eigentlich Ortsadverbien, d. h. sie stehen stellvertretend für eine Ortsbestimmung. Sie können jedoch auch in den folgenden Funktionen verwendet werden.

	en	**y**
Stellvertretend für Ortsangaben	Stellvertretend für adverbiale Bestimmungen des Ortes mit der Präposition **de.**	Stellvertretend für adverbiale Bestimmungen des Ortes mit den Präpositionen **à, en, sur, dans** etc.
	• Je viens *de ma maison.* - J'**en** viens. (... Ich komme **von dort.**)	• Je vais *à Paris.* - J'**y** vais. (... Ich gehe **dorthin.**)
Stellvertretend für Personen und Sachen	Stellvertretend für Personen und Sachen mit der Präposition **de.**	Stellvertretend für Sachen mit den Präpositionen **à, en, sur, dans** etc. **Y** kann nicht für indirekte Personenobjekte mit **à** stehen, hier tritt das entprechende Personalpronomen ein.
	• Tout le monde parle *de cet acteur.* - Tout le monde **en** parle. • Nous parlons *de ce livre.* - Nous **en** parlons.	• Je pense toujours *à mes vacances.* - J'**y** pense toujours. aber (bei Personen): • Je pense toujours *à Pierre.* - Je pense toujours **à lui.**
In possessivem Sinn	Zum Ausdruck eines Besitzverhältnisses ist **en** dem Possessivpronomen vorzuziehen.	
	• Qui est le propriétaire *de cette belle maison*? - Qui **en** est le propriétaire.	
In partitivem Sinn	Zur Bezeichnung einer unbestimmten Menge oder Anzahl von etwas Vorhandenem (davon) (partitives **en**), besonders bei Zahlwörtern und Mengenangaben.	
	• J'ai *des bonbons.* - Est-ce que tu **en** veux? (...willst du welche **davon**?)	

Die Konjunktion (la conjonction)

Konjunktionen sind Bindewörter und verbinden ganze Sätze oder Satzteile.
Es ist zu beachten, daß manche Konjunktionen den subjonctif verlangen. Diese sind im folgenden durch * gekennzeichnet.

Nebenordnende, beiordnende Konjunktionen (conjonctions de coordination)

Nebenordnende oder beiordnende Konjunktionen verbinden gleichartige Sätze, also zum Beispiel Haupt- und Hauptsatz.

Unterordnende Konjunktionen (conjonctions de subordination)

Unterordnende Konjunktionen leiten Nebensätze ein.

Temporale Konjunktionen (conjonctions de temps)

Die temporalen Konjunktionen geben einen Zeitraum, Zeitpunkt an.

- Je ne sais pas **quand** le train est parti.

- **quand** (wenn, als)
- **lorsque** (als)
- **jusqu'à ce que*** (bis)
- **avant que*** (bevor)
- **après que** (nachdem)
- **depuis que** (seit(dem))
- **pendant que** (während)
- **tandis que** (während)
- **dès que** (sobald als)
- **aussitôt que** (sobald als)
- **tant que** (solange wie, als)

Bei gleichem Subjekt im Haupt- und Nebensatz steht statt **avant que avant de** + Infinitiv und statt **après que après** + infinitif passé.

- **Après qu'***ils* eurent dîné, *ils* se couchèrent.
- **Après avoir dîné**, il se coucha.

Finale Konjunktionen (conjonctions de but)

Die finalen Konjunktionen drücken eine Absicht, einen Zweck aus.

- Dépêchez-vous, **pour que** vous arriviez ponctuellement.

- **pour que*** (damit)
- **afin que*** (damit)
- **tellement** (+ Adj./Adv.) **que** (so ... daß)

Bei gleichem Subjekt im Haupt- und Nebensatz steht statt **pour que, afin que** nur **pour, afin** + Infinitiv.

- Dépêchez-vous, **pour que** nous arrivions à temps.
- Il se pressa **pour** *arriver* à temps.

Kausale Konjunktionen (conjonctions de cause)

Kausale Konjunktionen geben den Grund, die Ursache an.

- Je ne peux pas venir **parce qu**'il pleut.
- **Comme** il pleuvait, je ne pus pas venir.

• **parce que**	(weil)	• **donc**	(daher, folglich, also)
• **pour** (+ infinitif passé)	(weil)	• **d'autant (plus) que**	(zumal, um so mehr als)
• **comme**	(da)	• **or**	(nun, nun aber)
• **car**	(denn)		

Konsekutive Konjunktionen (conjonctions de conséquence)

Konsekutive Konjunktionen drücken die Folge, Wirkung aus. Zum Ausdruck der beabsichtigten Folge steht der subjonctif, zum Ausdruck der tatsächlichen Folge steht der indicatif.

- Il vit **de telle façon qu**'il *est* très estimé.
- Lisez **de façon qu'**on *puisse* comprendre ce texte.

• **de façon que***	(so daß)	• **ainsi**	(damit also, so)
• **de manière que***	(so daß)	• **donc**	(also)
• **de sorte que***	(so daß)		

Konzessive Konjunktionen (conjonctions de concession)

Konzessive Konjunktionen dienen zum Ausdruck der Einräumung, des Zugeständnisses.

- **Bien qu**'il le sache, il ne le fait pas.
- **Malgré qu**'il le sache, il ne le fait pas.

• **quoique***	(obwohl, obgleich)	• **quand même** (+ con.)	(selbst wenn)
• **bien que***	(obwohl, obgleich)	• **mais**	(aber, sondern)
• **malgré que***	(obwohl, obgleich)	• **sinon**	(sonst, andernfalls)
• **cependant**	(dennoch, trotzdem)		

Konditionale Konjunktionen (conjonctions de condition)

Konditionale Konjunktionen dienen zum Ausdruck der Bedingung.

- **S'**il pleut, je viendrai.
- **En cas qu**'il pleuve je ne peux pas venir.

• **si**	(wenn, falls)	• **pourvu que***	(vorausgesetzt, daß)
• **au cas où** (+ con.)	(falls, im Falle, daß)	• **à condition que***	(unter der Bedingung, daß)
• **en cas que***	(falls, im Falle, daß)	• **supposé que***	(angenommen, daß)

Si (wenn, falls) ist nicht zu verwechseln mit **si** (ob). Nach **si** (wenn, falls) darf kein Konditional oder Futur stehen, nach **si** (ob) kann das Konditional oder Futur stehen.

- S'il **pleut**, je *viendrai.*
  (**Wenn** es regnet, komme ich.)
- Il m'a demandé **si** tu *viendrais.*
  (Er fragte mich, **ob** du kommen würdest.)

Modale Konjunktionen (conjonctions de modalité)

Sans que (ohne daß) kennzeichnet die (Begleit)Umstände, die Mittel und steht mit dem subjonctif.
Bei gleichem Subjekt im Haupt- und Nebensatz steht statt **sans que** nur **sans** + Infinitiv.

- Je ne peux pas parler, **sans qu**'il m'interrompe.
- Je ne peux pas parler **sans** *être interrompu.*

Adversative Konjunktionen (conjonctions d'opposition)

Adversative Konjunktionen stehen zum Ausdruck des Gegensatzes.

- Il n'est pas très cultivé, **mais** très intelligent.

• **mais**	(aber, sondern)	• **sinon**	(sonst, andernfalls)
• **cependant**	(dennoch, trotzdem)	• **tandis que**	(während)

Vergleichende Konjunktionen (conjonctions de comparaison)

Vergleichende Konjunktionen bringen einen Vergleich zum Ausdruck.

- Faites **comme** vous voudrez.
- Marie a réussi à l'examen **ainsi que** Jean.

• **comme**	((genauso) wie)	• **ainsi que**	(wie auch, ebenfalls)
• **que**	(als, wie)		

Anreihende Konjunktionen (conjonctions de coordination)

Anreihende Konjunktionen dienen zur Verbindung zweier Sätze oder Satzteile.

- Je lis un livre **et** toi, tu écris une lettre.
- Il partira lundi **ou (bien)** mardi.

• **et**	(und)	• **soit ... soit***	(sei es ... sei es)
• **et ... et**	(sowohl als auch)	• **ni ... ni**	(weder noch)
• **ou (bien)**	((entweder) oder)		

Die Präposition (la préposition)

Mit der Präposition (Verhältniswort) werden bestimmte Verhältnisse und Beziehungen gekennzeichnet.
Für den Gebrauch der Präpositionen lassen sich keine allgemeingültigen Regeln aufstellen. Nicht jede Präposition kann in Verbindung mit jedem beliebigen Wort verwendet werden. Häufig ändert die Präposition die Bedeutung eines Wortes. Es empfiehlt sich daher jedes Wort von Anfang an mit seinen möglichen Präpositionen zu lernen.
Die folgenden Ausführungen zeigen die wichtigsten Präpositionen und ihre wichtigsten Anwendungsgebiete. Einige der folgenden Präpositionen können auch in der Funktion eines Adverbs oder einer Konjunktion stehen.

Präposition	Räumlich	Zeitlich	Übertragen
à	an, auf, bei, in, nach, zu	in, um	in, nach, zu
après	nach, hinter	nach	nach
d'après			gemäß, nach
auprès de	bei		bei
autour de	um ... herum	um...herum, ungefähr	
avant	vor	vor	
avec			mit(tels), bei
au bout de	am Ende von	nach (Ablauf von)	
à cause de			wegen
chez	bei, zu		bei
contre	nahe, gegen		gegen, wider
à côté de	neben		neben, außer
au cours de		im Laufe von	
dans	in	in, nach Ablauf von	bei, in, im
de	von (... an), aus	von	von, mit, aus

Präposition	Räumlich	Zeitlich	Übertragen
à défaut de			in Ermangelung an
au-delà de	jenseits von		
depuis	von, ab	seit, von ... an	
derrière	hinter		hinter
dès	schon in, von ... an	seit, von ... an	
au-dessous de	unterhalb von		
au-dessus de	oberhalb von		
devant	vor		vor, angesichts
à droite de	rechts von		
durant		während	
en	in, im	in, im (Zeitdauer)	in, im, mit, aus
entre	zwischen, unter	zwischen, unter	zwischen, unter
excepté			außer
en face de	gegenüber		
faute de			mangels
à gauche de	links von		
grâce à			dank
il y a		vor	
jusque	bis	bis	bis
au lieu de			anstatt

Präposition	Räumlich	Zeitlich	Übertragen
le long de	entlang, längs		
malgré			trotz
au milieu de	inmitten von		
par	(hin)durch	an, bei, in	durch, mit(tels)
parmi	zwischen, unter		zwischen, unter
à partir de	von ... an	von ... an	
pendant		während	
pour	nach	für (die Dauer von)	für, wegen, um zu
près de	nahe bei	fast, gegen, kurz vor	beinahe, ungefähr
quant à			was anbetrifft
sans			ohne
sauf			außer
selon			gemäß, nach
sous	unter	während (der Zeit von)	unter
suivant			gemäß, nach
sur	über, auf	auf, gegen	
à travers (de)	quer durch		
vers	durch, auf ... zu	gegen	gegen, annähernd
vis-à-vis	gegenüber		gegenüber

Die Satzglieder (les membres de la phrase)

Ein Satz besteht im wesentlichen aus den folgenden Satzgliedern.
Er besteht aus mindestens einem Hauptsatz (la phrase principale) oder einem Haupt- und Nebensatz (la phrase subordonnée). Sätze, die aus Haupt- und Nebensatz bestehen, nennt man Satzgefüge (phrase complexe). Der Hauptsatz ist der übergeordnete Teil eines Satzgefüges und kann, im Gegensatz zum Nebensatz, jederzeit alleine stehen.

Subjekt (sujet)

Das Subjekt (Satzgegenstand) drückt aus, wer oder was eine Handlung ausführt. Das Subjekt steht im Nominativ (wer-Fall).

- **Je** lis ce livre.
- **Le livre** se vend bien.

Prädikat (prédicat)

Das Prädikat (Satzaussage) ist das Verb und besteht aus Vollverb oder Vollverb und Hilfsverb. Es drückt aus, was getan wird.

- Je **lis** un livre.
- J'**ai écrit** une lettre.

Objekt (objet)

Das Objekt ist ein Satzglied, das im Genitiv (wessen-Fall), Dativ (wem-Fall) oder Akkusativ (wen-Fall) steht.

Genitiv

Der Genitiv ist der 2. Fall oder der wessen-Fall und wird im Französischen durch eine Ergänzung mit **de** ausgedrückt.

- C'est le livre **de madame Troubat.**
- Je connais la fille **de monsieur Lefèvre.**

Dativ

Der Dativ ist der 3. Fall oder der wem-Fall und wird im Französischen durch eine Präposition, meist **à, de,** angeschlossen.

- J'ai donné le livre **à madame Troubat.**
- Sa destinée dépend **de ce juge.**

Akkusativ

Der Akkusativ ist der 4. Fall oder der wen-Fall und wird im Französischen ohne Präposition angeschlossen.

- Ce matin, j'ai rencontré **madame Troubat.**
- Pierre aide **son père.**

Es ist zu beachten, daß ein Wort, das im Deutschen im Dativ steht, im Französischen im Akkusativ stehen kann und umgekehrt. In welchem Fall ein Wort steht, hängt davon ab, mit welcher Ergänzung ein Verb stehen kann.
Der Genitiv drückt ein Besitzverhältnis aus und ist eine de-Ergänzung, das indirekte Objekt (Dativobjekt) wird durch eine Präposition, meist **à** oder **de**, angeschlossen, das direkte Objekt (Akkusativobjekt) wird ohne Präposition angeschlossen.

Prädikative Ergänzung (complément attributif)

Die prädikative Ergänzung kann ein Adjektiv oder Substantiv sein und bezieht sich auf das Subjekt (attribut du sujet) oder das Objekt (attribut du complément direct).

- *Marie* est très **intelligente.**
- Je te donne *un livre* très **intéressant.**

Adverbiale Bestimmungen (compléments circonstanciels)

Adverbiale Bestimmungen (Umstandsbestimmungen) sind Zeit-, Ortsangaben, Angaben der Art und Weise, des Grundes.

- Nous partirons **la semaine prochaine**.
- Les élèves ont lu ce livre **à l'école.**
- Il marchait **lentement.**
- Il bouillait **de rage.**

Der bejahte Aussagesatz (la phrase déclarative affirmative)

Im bejahten Aussagesatz wird ein Sachverhalt mitgeteilt bzw. behauptet.
Die folgenden Ausführungen geben einen allgemeinen Überblick über die Stellung der einzelnen Satzglieder.

Generell gilt folgende Wortstellung:

Subjekt(pronomen) (S)	**Prädikat (P)**	**Objekt (O)**
• **Marie**	**écrit**	**une lettre.**
• **Elle**	**a écrit**	**une lettre.**

Aussagesatz mit 2 Objekten

Enthält der bejahte Aussagesatz ein direktes und ein indirektes Objekt, so steht das direkte Objekt generell vor dem indirekten Objekt.

Subjekt(pronomen)	Prädikat	**direktes Objekt**	**indirektes Objekt**
• Marie	écrit	**une lettre**	**à son père.**

Enthält der bejahte Aussagesatz ein direktes und ein indirektes Objekt, so steht das direkte Objekt nach dem indirekten Objekt, wenn es länger ist als das indirekte Objekt.

Subjekt(pronomen)	Prädikat	**indirektes Objekt**	**direktes Objekt**
• Marie	écrit	**à son père**	**une lettre de 50 pages.**

Wird das indirekte und das direkte Objekt durch Pronomen vertreten, so steht das direkte Objektpronomen ebenfalls vor dem indirekten Objektpronomen.
Die unbetonten direkten Objektpronomen der 3. Person (**le, la, les**) stehen jedoch immer vor den indirekten Objektpronomen der 3. Person (**lui, leur**).

Subjekt(pronomen)	**dir. Obj. pron.**	**indir. Obj. pron.**	Prädikat
• Il	**la**	**lui**	a écrite.

Aussagesatz mit prädikativer Ergänzung

Prädikative Ergänzungen stehen, wenn sie sich auf das Subjekt beziehen (attribut du sujet), unmittelbar nach dem Verb.

Subjekt(pronomen)	Prädikat	**prädikative Ergänzung**
• Marie	est	**très intelligente.**

Prädikative Ergänzungen stehen, wenn sie sich auf das direkte Objekt beziehen (attribut du complément direct), in der Regel unmittelbar nach dem direktem Objekt.

Subjekt(pronomen)	Prädikat	direktes Objekt	**präd. Ergänzung**
• Je	lis	un livre	**très intéressant.**

Aussagesatz mit adverbialen Bestimmungen

Adverbiale Bestimmungen der Zeit und des Ortes stehen meist am Satzanfang oder Satzende.

Adv. Bestimmung	Subjekt(pronomen)	Prädikat	Objekt
• **Hier matin**	il	a lu	ce livre.

Subjekt(pronomen)	Prädikat	Objekt	**adv. Bestimmung**
• Les élèves	ont lu	ce livre	**à l'école.**

Inversion des Subjekts

Bei Inversion des Subjekts tritt dieses hinter das Prädikat. Dies ist besonders bei der direkten Rede der Fall.

Einleitungssatz	**Prädikat**	**Subjekt**
• Ce n'est pas vrai,	**a dit**	**mon père.**

Wird das Subjekt am Satzanfang durch **il, cela, ça** oder **ce** vertreten, tritt es ebenfalls hinter das Prädikat, das in der 3. Person Singular steht (Extraposition des Subjekts). Diese Satzkonstruktion ist besonders bei Verben wie **arriver, disparaître, exister, manquer, naître, passer, rester, se trouver** und **venir** beliebt.

Il, cela, ça, ce	**Prädikat**	**Subjekt**
• **Il**	**existe**	**de belles chansons.**

Der verneinte Aussagesatz (la phrase déclarative négative)

Im verneinten Aussagesatz wird ein Sachverhalt verneint. Die Verneinung wird durch zahlreiche Adverbien oder Pronomen der Verneinung ausgedrückt, von denen die wichtigsten im folgenden dargestellt sind.

Ne ... pas, ne ... plus

Ne ... pas (nicht) und **ne .. plus** (nicht mehr) können durch **du tout** (überhaupt nicht, gar nicht) verstärkt werden. **Ne ... pas** wird am häufigsten zum Ausdruck der Verneinung verwendet.
Das Verneinungselement umschließt grundsätzlich das konjugierte Verb und das Objektpronomen, sofern eines vorhanden ist.
Du tout kann sowohl unmittelbar nach **... pas** als auch nach dem Partizip Perfekt stehen.

Subjekt(pron.)	**ne**	(Objektpron.)	konj. Verb	**pas**	Partizip Perfekt
• Marie	**ne**	(l')	écrit	**pas.**	
• Marie	**ne**	(l')	a	**pas**	écrit.

Subjekt(pron.)	**ne**	konjugiertes Verb	**pas**	**(du tout)**	Partizip Perfekt
• Marie	**n'**	est	**pas**	**(du tout)**	sortie.
• Marie	**ne**	sort	**pas**	**(du tout).**	

Subjekt(pron.)	**ne**	konjugiertes Verb	**pas**	Partizip Perfekt	**du tout**
• Marie	**n'**	est	**pas**	sortie	**du tout.**

In Verbindung mit dem infinitif présent bzw. infinitif passé steht die Verneinung geschlossen vor diesem, wenn das Objekt kein Pronomen ist. Beim infinitif présent kann die Verneinung das konjugierte Verb umschließen.

Subjekt(pron.)	Prädikat	**ne**	**pas**	Infinitiv	Objekt
• J'	espère	**ne**	**pas**	entendre	de telles paroles.
• J'	espère	**ne**	**pas**	avoir inquiété	Pierre.

Subjekt(pronomen)	**ne**	konjugiertes Verb	**pas**	Infinitif Présent
• Il	**ne**	sait	**pas**	parler.

Ist das Objekt ein Pronomen, so steht die Verneinung geschlossen vor diesem. Der infinitif présent bzw. infinitif passé folgt unmittelbar nach dem Objektpronomen.

Subjekt(pron.)	Prädikat	**ne**	**pas**	Objektpronomen	Infinitiv
• J'	espère	**ne**	**pas**	vous	inquiéter.
• J'	espère	**ne**	**pas**	vous	avoir inquiété.

Beim Infinitiv der Hilfsverben **avoir** und **être** werden die Hilfsverben entweder von der Verneinung umschlossen oder sie steht, vor allem in gehobener Sprache, geschlossen vor ihnen. Die Möglichkeit der Voranstellung besteht bei anderen Verben nicht.

Subjekt(pron.)	Prädikat	**ne**	**être, avoir**	**pas**	Partizip Perfekt
• Je	crains de	**n'**	avoir	**pas**	compris.

Subjekt(pron.)	Prädikat	**ne**	**pas**	**être, avoir**	Partizip Perfekt
• Je	crains de	**ne**	**pas**	avoir	compris.

Substantive müssen, außer wenn sie mit Artikel stehen, an **ne ... pas** und **ne ... plus** mit **de** angeschlossen werden. **Ne ... pas** und **ne ... plus** haben in dieser Funktion die Bedeutung *kein* und *kein mehr.*

Subjekt(pronomen)	**ne**	Prädikat	**pas**	**de** + Substantiv bzw. Artikel + Substantiv
• Je	**n'**	ai	**pas**	d'argent.
• Il	**ne**	dit	**pas**	un mot.

Ne ... jamais

Neben seiner verneinenden Funktion und seiner damit negativen Bedeutung (niemals), für die in der Regel dieselbe Wortstellung gilt wie unter **ne ... pas** und **ne ... plus** aufgeführt, kann **ne ... jamais** auch in positiver Bedeutung stehen (jemals). Es steht dann allerdings ohne **ne.**

In Verbindung mit den Verben, die einen Zweifel ausdrücken, steht **jamais** unmittelbar nach diesen.

Subjekt(pron.)	Verb des Zweifels	**jamais**	Objekt(pron.)	Infinitiv
• Je	doute de pouvoir	**jamais**	le	convaincre.

(Ich **bezweifle**, ob ich ihn **je(mals)** überzeugen kann.)

In Vergleichssätzen steht **jamais** nach dem Komparativ + **que**.

Subjekt(pron.)	Objekt(pron.)	Prädikat	Komparativ	**jamais**
• Je	la	trouve	plus belle que	**jamais.**
(Ich finde sie schöner denn **je**.)				

In Verbindung mit der Präposition **sans** + Infinitiv steht **jamais** entweder unmittelbar nach **sans** oder nach dem Infinitiv.

Subjekt(pron.)	Objekt(pron.)	Prädikat	**sans**	**jamais**	Infinitiv
• Il	m'	écoute	sans	**jamais**	s'impatienter.
(Er hört mir zu, ohne **jemals** ungeduldig zu werden.)					

Subjekt(pron.)	Objekt(pron.)	Prädikat	**sans**	Infinitiv	**jamais**
• Il	m'	écoute	sans	s'impatienter	**jamais.**

Im Konditionalsatz steht **jamais** unmittelbar nach **si** (wenn).

Si	**jamais**	Subjekt(pron.)	Prädikat	Objekt	Hauptsatz
• Si	**jamais**	vous	voyez	Pierre,	donnez-lui ce livre.
(Wenn Sie **je** Pierre sehen (sollten,) geben Sie ihm dieses Buch.)					

In Fragesätzen, die eine negative Antwort voraussetzen, steht **jamais** generell unmittelbar vor dem Partizip Perfekt des Vollverbs. Ansonsten hängt die Wortstellung vom jeweiligen Fragesatz ab.

Konj. Verb	(-t-)	Subj.(pron.)	**jamais**	Part. Perf.	Objekt
• A	-t-	on	**jamais**	vu	quelque chose comme ça?

Ne ... rien

Neben seiner verneinenden Funktion und seiner damit negativen Bedeutung (nichts), für die in der Regel dieselbe Wortstellung gilt wie unter **ne ... pas** und **ne ... plus** aufgeführt, kann **ne ... rien** auch in positiver Bedeutung stehen (etwas). Es steht dann allerdings ohne **ne.**

An verneinte Adjektive wird **rien** mit **de** angeschlossen. Auf **rien** folgt unmittelbar der Infinitiv.

Subjekt(pron.)	Prädikat	Adjektiv	**de + rien**	Infinitiv
• Il	fut	incapable	**de rien**	dire.

(Er war unfähig, **etwas** zu sagen.)

In Verbindung mit der Präposition **sans** + Infinitiv oder **sans + que** + subjonctif steht **rien** nach dem Infinitiv bzw. nach dem subjonctif. Vorangehende Substantive müssen mit **de** an **rien** angeschlossen werden.

Sans	Infinitiv	Substantiv + **de**	**rien**
• Sans	avoir	l'air de	**rien.**

(Ohne daß man ihm **etwas** ansieht.)

Sans	**que**	Subjektpronomen	Prädikat	**rien**
• Sans	qu'	il	dise	**rien.**

(Ohne **etwas** zu sagen.)

In Fragesätzen, die eine negative Antwort voraussetzen, steht **rien** generell nach dem Partizip Perfekt des Vollverbs. Ansonsten hängt die Wortstellung vom jeweiligen Fragesatz ab.

Konj. Verb	(-t-)	Subj.(pron.)	**jamais**	Part. Perf.	**rien**	Objekt
• A	-t-	on	jamais	vu	**rien**	de pareil?

(Hat man jemals so **etwas** gesehen?)

Ne ... personne

Neben seiner verneinenden Funktion und seiner damit negativen Bedeutung (niemand), für die in der Regel dieselbe Wortstellung gilt wie unter **ne ... pas** und **ne ... plus** aufgeführt, kann **ne ... personne** auch in positiver Bedeutung stehen (jemand). Es steht dann allerdings ohne **ne.**

In Verbindung mit den Verben, die einen Zweifel ausdrücken, steht **personne** unmittelbar nach diesen.

Subjekt(pron.)	Verb des Zweifels	**personne**	Objekt(pron.)	Prädikat
• Je	doute que	**personne**	le	reconnaisse.

(Ich bezweifle, daß ihn **irgendjemand** wiedererkennt.)

In Vergleichssätzen steht **personne** nach dem Komparativ + **que**.

Subjekt(pron.)	Objekt(pron.)	Prädikat	Komparativ	**personne**
• Il	le	sait	mieux que	**personne.**

(Er weiß es besser als **irgendjemand.**)

In Verbindung mit der Präposition **sans** + Infinitiv bzw. **sans que** + subjonctif steht **personne** unmittelbar nach **sans (que)**. Beim infinitif passé steht **personne** nach diesem.

Subjekt(pron.)	Prädikat	**sans que**	**personne**	Subjonctif
• Je	suis parti	sans que	**personne**	s'en aperçoive.

(Ich bin gegangen, ohne daß es **jemand** bemerkte.)

Subjekt(pron.)	Prädikat	**sans**	Infinitif Passé	**personne**
• Je	suis parti	sans	avoir vu	**personne.**

(Ich bin gegangen, ohne **jemanden** gesehen zu haben.)

In Fragesätzen, die eine negative Antwort voraussetzen, steht **personne** in den einfachen Zeiten generell nach dem Subjektpronomen. In den zusammengesetzten Zeiten steht es unmittelbar nach dem Partizip Perfekt des Vollverbs. Ansonsten hängt die Wortstellung vom jeweiligen Fragesatz ab.

Konjugiertes Verb	Subjekt(pronomen)	**personne**	prädikative Ergänzung
• Connaissez-	vous	**personne**	de plus habile?

(Kennen Sie **jemanden**, der geschickter ist?)

Konjugiertes Verb	Subjekt(pron.)	Partizip Perfekt	**personne**	präd. Ergänzung
• Avez-	vous	connu	**personne**	de plus habile?

Im que-Satz, der auf einen verneinten Hauptsatz folgt, steht **personne** unmittelbar nach **que** und vor dem Prädikat.

Verneinter Hauptsatz	que	**personne**	Prädikat	adv. Bestimmung
• Il ne veut pas	que	**personne**	paie	à sa place.

(Er möchte nicht, daß **jemand** an seiner Stelle bezahlt.)

Ne ... aucun

Neben seiner verneinenden Funktion und seiner damit negativen Bedeutung (keiner), für die in der Regel dieselbe Wortstellung gilt wie unter **ne ... pas** und **ne ... plus** aufgeführt, kann **ne ... aucun** auch in positiver Bedeutung stehen (jemand). Es steht dann allerdings ohne **ne.**

In Verbindung mit der Präposition **sans** + Substantiv steht **aucun** entweder unmittelbar nach **sans** oder, in gehobener Sprache, nach dem Substantiv.

Sans	**aucun**	Substantiv
• Sans (Ohne **jede** Anstrengung.)	**aucun**	effort.

Sans	Substantiv	**aucun**
• Sans	difficulté	**aucune.**

Ne ... rien, ne ... personne und ne ... aucun

Ne ... rien, ne ... personne und **ne ... aucun** können Subjekt des Satzes sein. Sie stehen dann am Satzanfang, wobei **rien, personne, aucun** vor **ne** tritt.
Zwischen **aucun** und **ne** steht das Substantiv oder das Objekt, das mit **de** an **aucun** angeschlossen wird.

Rien, personne ne	Objektpronomen	Prädikat
• **Rien ne**	l'	intéresse.
• **Personne ne**	lui	écrit.

Aucun(e)	Substantiv bzw. **de** + Objekt	**ne**	Objekt(pron.)	Prädikat	präd. Ergänz.
• **Aucun**	élève	**n'**		a réussi	à cet examen.
• **Aucun**	de ses amis	**ne**	lui	téléphone.	

Ne ... que und seulement

Ne ... que (nur, erst) kann außer dem Subjekt alle Satzglieder (direkte und indirekte Objekte, prädikative Ergänzungen und adverbiale Bestimmungen) einschränken. Dabei steht **ne** vor dem konjugierten Verb, **que** steht vor dem einzuschränkenden Satzglied. Es kann in dieser Funktion durch **seulement** ersetzt werden. In Verbindung mit Zeitangaben steht es in der Bedeutung *erst.*

Subjekt(pronomen)	ne	Prädikat	que	adverbiale Bestimmung
• L'église	n'	était séparée	que	par un jardin.

Seulement (nur) kann wie **ne ... que,** außer dem Subjekt, alle Satzglieder (direkte und indirekte Objekte, prädikative Ergänzungen und adverbiale Bestimmungen) einschränken und steht generell vor dem einzuschränkenden Satzglied.

Subjekt(pronomen)	konjugiertes Verb	seulement	adverbiale Bestimmung
• On	meurt	**seulement**	une fois.

Seulement und **ne ... que** sind, trotz gleicher Bedeutung, nicht beliebig gegeneinander austauschbar. Es gibt einige wesentliche Unterschiede, die aus folgender Tabelle hervorgehen.

	ne ... que	**seulement**
In Sätzen ohne Verb	Es kann nicht in Sätzen ohne Verb stehen.	In Sätzen ohne Verb.
	• Tu peux rester toute la semaine? - Non, je **ne** *peux rester* **que** trois jours.	• Tu peux rester toute la semaine? - Non, **seulement** trois jours.
Objekt	Es kann nur ein Objekt (das kein Satz ist) einschränken.	Es steht, wenn das Objekt ein que-Satz ist. Der que-Satz wird dann von **seulement** eingeleitet.
	• Je **n'**ai **qu'***une clé.*	• Jean souhaite **seulement** *que la marine le prenne.*
Bei prädikativen Adjektiven		In bezug auf ein prädikatives Adjektiv steht es vor dem Adjektiv.
		• Tu es malade? - Non, je suis **seulement** *fatigué.*
Bei Zeitangaben	Bei Zeitangaben steht es in der Bedeutung *erst.*	Bei Zeitangaben steht es in der Bedeutung *erst.*
	• Il **n'**est **que** *8 heures.* (Es ist **erst** *8 Uhr.*)	• Il est arrivé **seulement** *ce soir.* (Er ist **erst** *heute abend* angekommen.)

Ne ... ni ... ni bzw. ni ... ni ... ne, ne ... pas non plus

Ne ... ni ... ni bzw. **ni ... ni ... ne** (weder ... noch) wird segmentiert, d. h. **ne** steht vor dem Verb und **ni** steht vor Substantiven. Es gehört vor allem der geschriebenen Sprache an, in der gesprochenen Sprache wird eher **ne ... pas, non plus** (auch nicht) verwendet.

Ni	Subjekt(pron.)	**ni**	Subjekt(pron.)	**ne**	Prädikat	Objekt
• **Ni**	l'un	**ni**	l'autre	**n'**	a fait	ses devoirs.

Subj. (pron.)	**ne**	Obj. (pron.)	Prädikat	**ni**	Objekt	**ni**	Objekt
• Je	**ne**	les	envie	**ni**	les uns	**ni**	les autres.

Subj.(pron.)	**ne**	konj. Verb	**pas**	Part. Perf.	Objekt	Subj.(pron.)	**non plus**
• Marie	**n'**	a	**pas**	acheté	ce livre,	Jean	**non plus.**

Werden mehrere Verben verneint, so steht **ne** vor dem ersten Verb, vor allen anderen Verben steht **ni, ne** kann wiederholt werden. Der Infinitiv steht unmittelbar nach dem letzten Verb.

Subjekt(pron.)	**ne**	Prädikat	**ni**	**(ne)**	Prädikat	Infinitiv
• Il	**ne**	veut	**ni**	**(ne)**	peut	travailler.

Ne ... pas ... ni

Ne ... pas ... ni (weder ... noch) verneint Objekte, prädikative Ergänzungen oder adverbiale Bestimmungen. Bei der Verneinung eines direkten Objekts werden der bestimmte Artikel und der Teilungsartikel durch **de** ersetzt.

Subj. (pron.)	**ne**	konj. Verb	**pas**	Part. Perf.	Objekt	**ni**	Objekt
• Il	**n'**	a	**pas**	écrit	à Marc	**ni**	à Gérard.

Subj.(pron.)	**ne**	konj. Verb	**pas**	**de**	Objekt	**ni**	**de**	Objekt
• Il	**n'**	a	**pas**	de	maison	**ni**	d'	argent.

Werden mehrere Verben verneint so steht **ne ... pas et ne ... pas.** Der Infinitiv steht nach dem letzten Verb + **pas.**

Subjekt(pron.)	**ne**	konj. Verb	**pas et ne**	konj. Verb	**pas**	Infinitiv
• Il	**ne**	peut	**pas et ne**	doit	**pas**	venir.

Pas alleinstehend

Pas steht in Sätzen ohne Verb grundsätzlich und in einigen anderen Fällen ohne **ne** und hat in dieser Funktion jedoch auch dieselbe Bedeutung wie **ne ... pas** (nicht).

In Sätzen, in denen ein anderes Wort als das Verb (z. B. ein Adjektiv, Adverb oder Partizip Perfekt) verneint wird, steht **pas** vor dem zu verneinenden Wort.

Substantiv	**pas**	zu verneinendes Wort
• Un homme (Ein **nicht** sehr mutiger Mann.)	**pas**	courageux.

In Verbindung mit alleinstehenden betonten, unverbundenen Personalpronomen (**moi, toi** etc.) und in Verbindung mit den Possessivpronomen (**mien, tien** etc.) steht **pas** allein, und zwar vor dem Pronomen. Bei den betonten, unverbundenen Personalpronomen kann es auch hinter dem Pronomen stehen.

Hauptsatz	**pas**	Pronomen
• Qui a cassé la vitre?	**Pas**	moi.
• C'est votre désir?	**Pas**	le mien.

Hauptsatz	Personalpronomen	**pas**
• Qui a cassé la vitre? (Wer hat die Scheibe zerbrochen? - Ich **nicht.**)	Moi	**pas.**

In Verbindung mit den Interrogativpronomen steht **pas** allein, und zwar nach denselben.

Interrogativpronomen	**pas**
• Pourquoi	**pas?**

Alleinstehendes **pas** leitet einen kurzen Ausrufesatz ein. Substantive werden dabei an **pas** mit **de** angeschlossen.

Pas	**de** + Substantiv; Adjektiv

- **Pas** de chance! (**Keine** Chance!)
- **Pas** vrai!

Zur Korrektur einer zuvor gemachten Aussage steht **pas** alleine, und zwar vor dem zu korrigierenden Wort. Es kann dabei durch **non** verstärkt werden.

Subj. (pron.)	Prädikat	Objekt	**et**	**(non)**	**pas**	Objekt
• Il	est	étudiant	et	**(non)**	**pas**	professeur.

(Er ist Student und **nicht** Professor.)

Non

In verneinten Antworten ohne Verb steht **non** in der Bedeutung *nein*. Bezieht es sich auf ein Verb des Sagens und Denkens, muß **que** vor **non** stehen.

Fragesatz	Subj.(pron.)	Verb des Sagens und Denkens	**que non**
• Est-ce que vous venez demain?	Je	pense	**que non.**

(Kommen Sie morgen? - Ich denke **nicht.**)

In Sätzen, in denen ein anderes Wort als das Verb (z. B. ein Adjektiv) verneint werden soll. **Non** steht dann vor dem zu verneinenden Wort in der Bedeutung *nicht.*

Subjektpronomen	Prädikat	**non**	zu verneinendes Wort
• L'accusé	a été déclaré	**non**	coupable.

(Der Angeklagte wurde für **nicht** schuldig befunden.)

Zur Korrektur einer zuvor gemachten Aussage steht **non** vor dem zu korrigierenden Wort. Es kann dabei durch **pas** verstärkt werden.

Subj. (pron.)	Prädikat	Objekt	**et**	**non**	**pas**	Objekt
• Il	est	étudiant	et	**non**	**pas**	professeur.

(Er ist Student und **nicht** Professor.)

Der Fragesatz (la phrase interrogative)

Im Fragesatz wird eine Frage formuliert.

Die direkte Frage ohne Fragewort (l'interrogation directe)

Direkte Fragen bilden selbst den Hauptsatz, sie werden nicht wie die indirekten Fragen in einen Nebensatz eingebettet und durch ein Verb wie **dire, demander** etc. eingeleitet.

Die Entscheidungsfrage (l'interrogation totale)

Entscheidungsfragen, von denen die wichtigsten im folgenden aufgeführt sind, erwarten eine Ja- oder Nein-Antwort.

Die Frage mit est-ce que (l'interrogation avec **est-ce que)**

Fragen mit **est-ce que** sind sehr geläufig und eigentlich immer anwendbar. Die Wortstellung entspricht der des einfachen, bejahten Aussagesatzes. Folgt auf **est-ce que** ein Wort, das mit Vokal beginnt, wird es zu **est-ce qu'** apostrophiert.

Est-ce que	Subjekt(pronomen)	Prädikat	Objekt
• **Est-ce que**	Marie	écrit	la lettre?
• **Est-ce qu'**	elle	a écrit	la lettre?

Die Inversionsfrage (l'interrogation marquée par l'inversion du sujet)

Diese Art der Fragestellung wird nur verwendet, wenn das Subjekt ein Pronomen ist. Das Subjektpronomen tritt hinter das konjugierte Verb und wird mit diesem durch Bindestrich verbunden. Endet das konjugierte Verb auf Vokal, so wird ein **-t-** eingefügt.
Heißt das Pronomen **je,** so ist diese Art der Fragestellung nur in Verbindung mit den Verben **avoir, être, devoir** und **savoir** möglich (**ai-je, suis-je** etc.).

Konjugiertes Verb	**(-t-)**	**Subjektpronomen**	**Partizip Perfekt**	Objekt
• **Fermez-**		**vous**		la porte?
• **Ouvre**	**-t-**	**il**		la porte?
• **Avez-**		**vous**	**vu**	ce film?

Die Intonationsfrage (l'interrogation marquée par l'intonation)

Die Frage wird durch die Intonation kenntlich gemacht, d. h. die Satzmelodie geht am Satzende nach oben. Die Wortstellung entspricht der des einfachen, bejahten Aussagesatzes.
Diese Art der Fragestellung wird vor allem in der gesprochenen Sprache sehr häufig verwendet.

Subjekt(pronomen)	**Prädikat**	**Objekt**
• **Tu**	**fermes**	**la porte?**
• **Tu**	**as fermé**	**la porte?**

Die direkte Frage mit Fragewort (Teilfrage) (l'interrogation partielle)

Diese Fragen enthalten ein Fragewort, z. B. ein Interrogativpronomen (**qui, que** etc.) oder Adverb (**comment, combien** etc.), von denen die wichtigsten nachfolgend aufgeführt sind.

Qui

Qui fragt nach Personen, die Subjekt oder Objekt sind. In Fragen nach dem Subjekt entspricht die Wortstellung dem bejahten, einfachen Aussagesatz.

Qui (= Subjekt)	Prädikat	Objekt
• **Qui**	a consulté	le docteur?

Bei der Frage nach dem Objekt tritt **qui** meist hinter das Prädikat. Es kann in Verbindung mit einer Präposition stehen. Welche Präposition vor **qui** steht, hängt davon ab, welche Präposition das Verb verlangt.

Subjekt(pronomen)	Prädikat	**qui (= Objekt)**
• Tu	attends	**qui?**
• Vous	parlez	**de qui?**

Qui est-ce qui

Qui est-ce qui fragt nach Personen, die Subjekt sind. Das erste **qui** bedeutet, daß eine Person erfragt wird, das zweite **qui** bedeutet, daß diese Person Subjekt ist. Der Fragesatz selbst hat dann kein Subjekt mehr, d. h. auf **qui est-ce qui** folgt unmittelbar das Prädikat. **Qui est-ce qui** ist nachdrücklicher als **qui** allein.

Qui est-ce qui	Prädikat	Objekt
• **Qui est-ce qui**	a cassé	la vitre?

Qui est-ce que

Qui est-ce que fragt nach Personen, die direktes Objekt sind. **Qui** bedeutet, daß eine Person erfragt wird, **que** bedeutet, daß diese Person direktes Objekt ist. Der Fragesatz hat dann ein Subjekt, das unmittelbar nach **qui est-ce que** steht.
Folgt auf **qui est-ce que** ein Wort, das mit Vokal beginnt, wird es zu **qui est-ce qu'** apostrophiert.

Qui est-ce que	Subjekt(pronomen)	Prädikat
• **Qui est-ce que**	vous	avez rencontré?

Que

Que fragt nach Sachen und Satzinhalten, die direktes Objekt sind und steht meist in der Inversionsfrage. Folgt auf **que** ein Wort, das mit Vokal beginnt, wird **que** zu **qu'** apostrophiert.

Que	konjugiertes Verb	Subjekt
• **Que**	dit	Marc?

Qu'est-ce qui

Qu'est-ce qui fragt nach Sachen, die Subjekt sind. **Que (qu')** bedeutet, daß eine Sache erfragt wird, **qui** bedeutet, daß diese Sache Subjekt ist. Der Fragesatz selbst hat dann kein Subjekt mehr, d. h. auf **qu'est-ce qui** folgt unmittelbar das Prädikat.

Qu'est-ce qui	Prädikat
• **Qu'est-ce qui**	se passe?

Qu'est-ce que

Qu'est-ce que fragt nach Sachen, die direktes Objekt sind. Das erste **que (qu')** bedeutet, daß eine Sache erfragt wird, das zweite **que** bedeutet, daß diese Sache direktes Objekt ist. Der Fragesatz hat dann ein Subjekt, das unmittelbar auf **qu'est-ce que** folgt.
Folgt auf **qu'est-ce que** ein Wort, das mit Vokal beginnt, wird es zu **qu'est-ce qu'** apostrophiert.

Qu' est-ce que	Subjektpronomen	Prädikat
• **Qu'est-ce que**	vous	avez lu?

Zusammenfassend gilt also:

Frage nach	Subjekt	Direktes Objekt
Personen	**Qui est-ce qui** a cassé la vitre?	**Qui est-ce que** vous avez rencontré?
Sachen	**Qu'est-ce qui** se passe?	**Qu'est-ce que** vous avez lu?

Quel

Quel (welcher) bzw. **quelle** fragt nach einer männlichen bzw. weiblichen bestimmen Person oder Sache, **quels** bzw. **quelles** nach mehreren. Fragen mit **quel** sind meist Inversionsfragen.

Quel	Objekt	konj. Verb	Subjekt(pron.)	Partizip Perfekt
• **Quelle**	femme	avez-	vous	vu?

Combien, comment, quand, pourquoi, où

Combien (wieviel?), **comment** (wie?), **quand** (wann?), **pourquoi** (warum?) und **où** (wo?) fragen nach adverbialen Bestimmungen der Menge, der Art und Weise, der Zeit, des Grundes, des Ortes.
Es sind im wesentlichen drei Arten der Fragestellung möglich, die Frage, bei der das Fragewort nachgestellt wird (außer bei **pourqoui**), die Frage mit **est-ce que**, die Inversionsfrage, wenn das Subjekt ein Pronomen ist und die Inversionsfrage, wenn das Subjekt kein Pronomen ist (außer bei **pourquoi**).

Subjekt(pronomen)	Prädikat	**Fragewort**
• Tu	arrives	**quand?**

Fragewort	**est-ce que**	Subjekt(pronomen)	Prädikat
• **Combien**	est-ce que	vous	avez payé?

Fragewort	Prädikat	Subjekt(pronomen)
• **Pourquoi**	cries-	tu?
• **Où**	habite	Pierre?

Die indirekte Frage ohne Fragewort (l'interrogation indirecte)

Indirekte Fragen sind in einem Nebensatz, der von einem Verb wie **dire**, **demander** etc. eingeleitet wird, eingebettet. Sie werden vom Einleitungssatz nicht durch Komma abgetrennt.

Si

Indirekte Fragen ohne Fragewort werden mit **si** (ob) eingeleitet, das vor einem Wort, das mit Vokal beginnt zu **s'** apostrophiert wird. Die Wortstellung entspricht der des einfachen, bejahten Aussagesatzes.

Einleitungssatz	**si**	Subjekt(pronomen)	Prädikat
• Dites-moi	s'	il	est déjà venu.

Die indirekte Frage mit Fragewort (l'interrogation partielle indirecte)

Diese Fragen enthalten ein Fragewort, z. B. ein Interrogativpronomen (**qui, que** etc.) oder Adverb (**comment, combien** etc.), von denen die wichtigsten nachfolgend aufgeführt sind.

Qui

Qui fragt nach Personen, die Subjekt oder Objekt sind. In Fragen nach dem Subjekt tritt das Subjekt hinter das Prädikat (Inversion des Subjekts).

Einleitungssatz	**qui**	Prädikat	Subjekt
• Dites-moi	**qui**	est	cette femme.

Bei der Frage nach dem Objekt gilt die Wortstellung des einfachen, bejahten Aussagesatzes. **Qui** kann in Verbindung mit einer Präposition stehen. Welche Präposition vor **qui** steht, hängt davon ab, welche Präposition das Verb verlangt.

Einleitungssatz	**qui**	Subjekt(pronomen)	Prädikat
• Dites-moi	**qui**	tu	as vu.
• Dites-moi	**à qui**	tu	penses.

Ce qui

Ce qui fragt nach Sachen und einem ganzen Satzinhalt. **Ce qui** ist dabei Subjekt, d. h. der folgende Satzteil hat selbst kein Subjekt, auf **ce qui** folgt unmittelbar das Prädikat (eventuell mit einem vorausgehenden Objektpronomen).

Einleitungssatz	**ce qui**	Objektpronomen	Prädikat
• Dites-moi	**ce qui**		s'est passé.
• Dites-moi	**ce qui**	vous	déplaît.

Ce que

Ce que fragt nach Sachen und einem ganzen Satzinhalt. **Ce que** ist dabei direktes Objekt, d. h. der folgende Satzteil enthält ein Subjekt, das unmittelbar auf **ce que** folgt.

Einleitungssatz	**ce que**	Subjekt(pronomen)	Prädikat
• Dites-moi	**ce qu'**	il	veut.

Quoi

Quoi fragt nach Sachen und einem ganzen Satzinhalt. **Quoi** kann mit einer Präposition stehen. Welche Präposition vor **quoi** steht hängt davon ab, welche Präposition das Verb verlangt.

Einleitungssatz	**quoi**	Subjekt(pronomen)	Prädikat
• Dites-moi	**à quoi**	il	pense.

Combien, comment, quand, pourquoi, où

Combien (wieviel?), **comment** (wie?), **quand** (wann?), **pourquoi** (warum?) und **où** (wo?) fragen nach adverbialen Bestimmungen der Menge, der Art und Weise, der Zeit, des Grundes, des Ortes.
Ist das Subjekt des indirekten Fragesatzes kein Pronomen, kann Inversion eintreten.

Einleitungssatz	**Fragewort**	Subjekt(pronomen)	Prädikat
• Dites-moi	**quand**	il	est venu.
• Dites-moi	**où**	Pierre	habite.

Einleitungssatz	**Fragewort**	Prädikat	Subjekt
• Dites-moi	**où**	habite	Pierre.

Der Aufforderungssatz (la phrase impérative)

Im Aufforderungssatz wird ein Befehl, eine Aufforderung formuliert. Der Aufforderungssatz wird mit Punkt abgeschlossen, es sei denn die Aufforderung soll besonders hervorgehoben werden. Eine Aufforderung kann durch folgende Satzarten ausgedrückt werden.

Imperativsatz

Im Imperativsatz werden Befehle, Aufforderungen durch die Verbformen des Imperativs ausgedrückt.

Imperativ	indirektes Objekt	direktes Objekt
• **Lisez**		le texte.
• **Donnez-**	moi	le livre.

Que-Satz

Im que-Satz mit subjonctif werden Befehle und Aufforderungen, die an die 3. Person Singular und Plural gerichtet sind, formuliert.
Diese Möglichkeit einen Befehl, eine Aufforderung auszudrücken, gehört vor allem der geschriebenen und der gehobenen Sprache an.

Que	Subjekt(pronomen)	**Subjonctif**	adverbiale Bestimmung
• **Qu'**	ils	**viennent**	ce soir.

Infinitivsatz

Im Infinitivsatz werden Befehle, Aufforderungen an unbestimmte Personen erteilt.
Diese Möglichkeit einen Befehl, eine Aufforderung auszudrücken, gehört ausschließlich der geschriebenen Sprache an.

Infinitiv	adverbiale Bestimmung
• **Agiter** (Vor Gebrauch **schütteln**.)	avant l'usage.

Aussagesatz im Präsens oder Futur

Im Aussagesatz im Präsens oder Futur können Befehle, Aufforderungen in jeder Person formuliert werden.
Es gilt dieselbe Wortstellung wie im einfachen, bejahten Aussagesatz.

Subjekt(pronomen)	**Prädikat**	**adverbiale Bestimmung**
• Tu	**sortiras**	**immédiatement.**
• Tu	**sors**	**immédiatement.**

Fragesatz mit pouvoir, vouloir + Infinitiv, Fragesatz mit s'il te plaît/s'il vous plaît, Fragesatz mit si + imparfait

In diesen Fragesätzen können Befehle, Aufforderungen in jeder Person formuliert werden.
Diese Fragesätze sind eine höfliche Möglichkeit eine Aufforderung auszudrücken.

Vouloir, pouvoir	Subjekt(pronomen)	**Infinitiv**	direktes Objekt
• **Voulez-**	vous	**lire**	ce livre?
• **Pouvez-**	vous	**lire**	ce livre?

Subjekt(pronomen)	Prädikat	Objekt	**s'il te/vous plaît**
• Tu	lis	ce texte	**s'il te plaît?**

Si	Subjekt(pronomen)	**Imparfait**	adverbiale Bestimmung
• **Si**	on	**allait**	au théâtre?

(Gehen wird **doch** ins Kino.)

Der Ausrufesatz (la phrase exclamative)

Im Ausrufesatz wird eine persönliche Empfindung (Erstaunen, Verwunderung, Überraschung etc.) in einem Ausruf formuliert.
Ein Ausruf kann durch die folgenden Satzarten ausgedrückt werden.

Aussagesatz mit und ohne Ausrufewort

Der Ausrufesatz kann mit einem Ausrufewort (Interjektion) wie **comme, comment, que, combien** etc. eingeleitet werden. Es gilt die Wortstellung des bejahten Aussagesatzes.

Ausrufewort	Subjekt(pronomen)	Prädikat	präd. Ergänzung
• **Comme**	cette fleur	est	belle!

Der Ausrufesatz ohne Ausrufewort ist ein bejahter Aussagesatz oder kann mit **est-ce ... que** eingeleitet werden, wobei das Subjekt zwischen **est-ce** und **que** gestellt wird.

Est-ce	Subjekt	**que**	Folgesatz
• **Est-ce**	dommage	**que**	je ne le revois plus!

Verneinter Aussagesatz mit ne ... pas

Der Ausrufesatz kann durch den verneinten Aussagesatz mit **ne ... pas** ausgedrückt werden.

Ne	Prädikat	-t-	Subjekt(pronomen)	**pas**	präd. Ergänzung
• **N'**	est-		il	**pas**	gentil!
• **N'**	a	-t-	elle	**pas**	de jolis vêtements!

Fragesatz mit quel

Zur Hervorhebung eines bestimmten Satzglieds dient der Fragesatz mit **quel,** das sich in Geschlecht und Zahl nach dem folgenden Satzglied richtet, d. h. **quel** bzw. **quelle** steht vor einem männlichen bzw. weiblichen Wort im Singular, **quels** bzw. **quelles** steht vor einem männlichen bzw. weiblichen Wort im Plural.

Quel	hervorzuhebendes Satzglied	Subjekt(pronomen)	Prädikat
• **Quelle**	belle jupe	elle	porte!

Der Nebensatz (la phrase subordonnée)

Der Nebensatz ist der untergeordnete Teil eines Satzgefüges und kann im Gegensatz zum Hauptsatz nicht alleine stehen.

Der Subjektsatz (la phrase au lieu d'un sujet)

Ein Subjektsatz ist ein Nebensatz anstelle des Subjekts.

- **S'il viendra** est incertain.
  (**Ob er kommt**, ist ungewiß. - **Das** ist ungewiß.)

Der Objektsatz (la phrase au lieu d'un objet)

Ein Objektsatz ist ein Nebensatz anstelle eines Objekts.

- Je ne sais pas **s'il viendra.**
  (Ich weiß nicht, **ob er kommt.** - Ich weiß **es** nicht.)

Der Adverbialsatz (la circonstancielle)

Ein Adverbialsatz ist ein Nebensatz anstelle einer adverbialen Bestimmung und wird mit einer Konjunktion eingeleitet. Es ist zu beachten, daß manche Konjunktionen den subjonctif verlangen.

Der Temporalsatz (la circonstancielle de temps)

Der Temporalsatz gibt die Zeit an und wird durch eine temporale Konjunktion eingeleitet.

- **Quand mon père viendra,** nous aurons tout préparé.

Der Finalsatz (la circonstancielle de but)

Der Finalsatz drückt die Absicht, den Zweck aus und steht mit einer finalen Konjunktion.

- Il m'envoie à Paris **pour que j'apprenne le français.**

Der Kausalsatz (la circonstancielle de cause)

Der Kausalsatz gibt den Grund an und wird durch eine kausale Konjunktion eingeleitet.

- Je ne peux pas venir aujourd'hui **parce qu'il pleut.**

Der Konsekutivsatz (la circonstancielle de conséquence)

Der Konsekutivsatz drückt die Folge, Wirkung aus und steht mit konsekutiven Konjunktionen.

- Il parle **de façon qu'on ne peut pas l'entendre.**

Der Konzessivsatz (la circonstancielle de concession)

Der Konzessivsatz drückt die Einräumung aus und steht mit einer konzessiven Konjunktion.

- Il ne le fait pas **bien qu'il le sache.**
- **Malgré qu'il le sache**, il ne le fait pas.

Der Konditionalsatz (la circonstancielle de condition)

Der Konditionalsatz drückt eine Bedingung aus und steht mit einer konditionalen Konjunktion. Zu beachten ist die Zeitenfolge.

- Je viendrai **si tu n'as pas d'autres projets.**

Der Attributsatz (la phrase attributive)

Ein Attributsatz ist ein Nebensatz anstelle eines Attributs (Beifügung), das zum Verständnis des Satzes nicht notwendig ist, jedoch diesen näher erklärt.

- Le devoir **de traduire le livre entier** était trop difficile.

Der Relativsatz (la phrase relative)

Ein Relativsatz wird durch ein Relativpronomen eingeleitet, das unmittelbar nach dem Wort steht, auf das es sich bezieht.

Der notwendige Relativsatz

Notwendige Relativsätze sind für das Verständnis des Hauptsatzes notwendig, sie können nicht weggelassen und nicht durch Komma vom Hauptsatz getrennt werden.

- J'ai un ami **qui passe son examen la semaine prochaine.**
- Le sac **qu'elle dit avoir perdu**.
  (Die Tasche, **von der sie sagt, daß sie sie verloren hat.**)

Der ausmalende, nicht notwendige Relativsatz

Ausmalende Relativsätze sind für das Verständnis des Hauptsatzes nicht notwendig, sie können weggelassen und vom Hauptsatz durch Komma abgetrennt werden.

- Le livre, **que j'ai lu**, a été publié le mois dernier.
- Un monsieur, **que je ne connais pas**, a quitté la maison.

Präfixe (préfixes)

Das Französische kennt eine Reihe von Präfixen (Vorsilben), die an Substantive, Verben oder Adjektive angehängt werden können und somit ein wichtiges Mittel der Wortbildung darstellen. Es ist jedoch zu beachten, daß nicht jedes beliebige Präfix an jedes beliebige Substantiv, Verb oder Adjektiv angehängt werden darf. Die folgenden Beispiele zeigen, welches Präfix überwiegend zur Bildung von Substantiven, Verben oder Adjektiven dient.

Gegenteil	**contre-**	gegen-, wider	**contre-indication** **contredire**	Gegenanzeige widersprechen
	dé-	ab-, aus-, de-, ent-, un-	**déblocage** **déballer** **décoloré**	Entriegelung, Lösen auspacken gebleicht, entfärbt
	dés-	ab-, aus-, de-, ent-, un-	**désaccord** **désaccoutumer** **désagréable**	Uneinigkeit abgewöhnen unangenehm
	dis-	ab-, aus-, de-, ent-, un-	**discontinuité** **disparaître** **discontinu**	Unterbrechung verschwinden unterbrochen
	im-	ab-, aus-, de-, ent-, un-	**immaturité** **immobiliser** **imbuvable**	Unreife stillegen, blockieren ungenießbar (Getränk)
	in-	ab-, aus-, de-, ent-, un-	**inattention** **incapable**	Unaufmerksamkeit unfähig
	mal-	miß-, un-	**malchance** **maltraiter** **malheureux**	Mißgeschick, Unglück mißhandeln unglücklich
Steigerung, Verstärkung	**sur-**	über-	**surpression** **surcharger** **surnaturel**	Überdruck überladen übernatürlich
Verminderung	**sous-**	unter-	**sous-production** **sous-estimer** **sous-développé**	Unterproduktion unterschätzen unterentwickelt
Wiederholung	**ré-**	wieder-	**réadaptation** **réapparaître** **rééligible**	Wiederanpassung wieder erscheinen wiederwählbar

Wiederholung	**re-**	wieder-	**reconstruction** **reconnaître** **reconnaissable**	Wiederaufbau wiedererkennen wiedererkennbar
	rem-	wieder-	**rembarquement** **rempaqueter**	Wiedereinschiffung wieder einpacken
	ren-	wieder-	**se rendormir**	wieder einschlafen
Ergebnis, Wirkung	**com-**	be-, ein-, er-, mit-, ver-	**composition** **combattre**	Zusammensetzung bekämpfen
	em-	be-, ein-, er-, mit-, ver-	**emmêlement** **emmener**	Durcheinander, mitnehmen
	en-	be-, ein-, er-, mit-, ver-	**encouragement** **s'endormir** **encourageant**	Ermutigung einschlafen ermutigend

Suffixe (suffixes)

Das Französische kennt eine Reihe von Suffixen (Nachsilben), die an Substantive, den Stamm von Verben oder Adjektiven angehängt werden können und so wiederum neue Substantive, Verben oder Adjektive bilden. Es ist jedoch zu beachten, daß nicht jedes beliebige Suffix an jedes beliebige Substantiv, Verb oder Adjektiv angehängt werden darf. Die folgenden Beispiele zeigen, welches Suffix überwiegend zur Bildung von Substantiven oder Adjektiven dient.
Es ist jeweils nur ein Suffix im Singular (meist das männliche) dargestellt. Die Bildung der weiblichen Formen und der Pluralformen richtet sich nach den beim Substantiv und Adjektiv aufgeführten Regeln.

Suffixe zur Bildung von Substantiven

Gesamtheit	**-age**	-ung	**outillage**	Werkzeugausrüstung
	-ance	-anz, -enz, -ung	**espérance**	Hoffnung
	-ence	-anz, -enz	**apparence**	Erscheinung, Aussehen
	-erie	-erie	**machinerie**	Maschinenpark
	-eur	-heit, -keit	**lenteur**	Langsamkeit
	-ie	-heit, -keit	**folie**	Verrücktheit

Gesamtheit	**-ion**	-ung	**attribution**	Zuweisung
	-isme	-ismus	**impressionnisme**	Impressionismus
	-ment	-ung	**groupement**	Gruppierung
	-té	-heit, -keit	**beauté**	Schönheit
	-ure	-ung	**blessure**	Verletzung
Beruf, Amt	**-é**	-er	**employé**	Angestellter
Tätigkeit	**-er**	-er	**boulanger**	Bäcker
	-eur	-er	**coiffeur**	Friseur
	-ien	-er	**mécanicien**	Mechaniker
	-iste	-ist	**dentiste**	Zahnarzt
Verkleinerung	**-elle**	-chen, -lein	**tourelle**	Türmchen
	-et	-chen, -lein	**livret**	Büchlein
	-ette	-chen, -lein	**tartelette**	Törtchen

Suffixe beim Adjektiv

Ergebnis,	**-able**	-bar, -lich, -isch	**habitable**	bewohnbar
Wirkung	**-al**	-lich, -isch	**tropical**	tropisch
	-el	-al, -lich, -isch	**émotionnel**	emotional
	-eur	-isch, -lich	**vengeur**	rächend
	-eux	-ig, -isch, -lich	**difficultueux**	schwierig
	-ible	-bar, -isch, -lich	**corrigible**	korrigierbar
	-if	-isch, -lich	**combatif**	kämpferisch
Verkleinerung	**-et**	-lich	**maigrelet**	schwächlich
	-ot	-lich	**vieillot**	ältlich

Groß- und Kleinschreibung (l'emploi des lettres majuscules et minuscules)

Grundsätzlich wird im Französischen alles klein geschrieben. In einigen Fällen wird jedoch groß geschrieben.

	Großbuchstaben	Kleinbuchstaben
Satzanfang	Der Anfangsbuchstabe des ersten Wortes eines Satzes.	
	• **Je** suis très heureux de vous voir.	
Eigennamen	Eigennamen werden generell groß geschrieben. Hierzu zählen auch geographische Namen und Völkernamen, die Substantiv sind.	Von Eigennamen abgeleitete Adjektive werden klein geschrieben.
	• **Marie** est entrée. • **Paris** est la capitale de la **France.** • Les **Français** sont gentils.	• les provinces **françaises** • la langue **allemande** • les vins **italiens**
Geographische Namen	Adjektive, die zu einem geographischen Namen gehören. Der geographische Namen kann groß oder klein geschrieben werden.	Kleingeschrieben werden **rue, avenue, boulevard, place** etc. in Eigennamen.
	• l'océan **Atlantique** • l'Océan **Atlantique**	• la **place** de la Concorde • l'**avenue** des Champs-Elysées
Himmelsrichtungen	Himmelsrichtungen, sofern sie ein Gebiet bezeichnen.	Himmelsrichtungen, wenn sie kein Gebiet bezeichnen.
	• la France du **Nord** • le **Midi** (der Süden Frankreichs)	• Paris est situé au **nord** de la France.
Öffentliche Einrichtungen	Die Namen von öffentlichen Einrichtungen. Mit diesen Namen durch Bindestrich verbundene Adjektive werden ebenfalls groß geschrieben.	Adjektive, die in Verbindung mit den Namen öffentlicher Einrichtungen stehen, werden klein geschrieben, wenn sie nicht durch Bindestrich mit diesen verbunden sind.
	• l'**Institut** français • la **Comédie-Française**	• l'Institut **français** • l'Académie **française**

	Großbuchstaben	Kleinbuchstaben
	Namen, die die christliche Gottheit bezeichnen.	Namen, die die nichtchristliche Gottheit bezeichnen.
	• **Dieu** • le **Christ**	• les **dieux** des Romains (die Götter der Römer)
	Wenn **saint** mit dem Namen durch Bindestrich verbunden ist.	**Saint** generell, da es nicht als Titel gilt.
	• le **Saint-Esprit** • le **Saint-Père**	• **saint** Martin • la **sainte** Bible
	Kirchliche Feiertage.	
	• Je partirai à **Pâques.** • Je viendrai à **Noël.**	
Titel	Titel der höflichen Anrede sowie in der Briefanrede und am Briefschluß.	Titel generell. Ebenso die Anredepronomen **tu** und **vous.**
	• **Monsieur** le **Président** • **Messieurs, ...** • Veuillez agréer, **Monsieur,** mes salutations distinguées ...	• Ce matin, j'ai vu un certain **monsieur** Laffont. • Je **vous** félicite de **votre** succès.
	Titel von Kunstwerken, Büchern, Zeitungen etc. Meist wird nur das erste Wort nach dem bestimmten Artikel groß geschrieben. Dies gilt auch für Adjektive, die vor dem Namen stehen.	
	• Jean-Paul Sartre a écrit **Les Mouches.** • **Le Petit Prince** de Saint-Exupéry.	

Die Zeichensetzung (la ponctuation)

Im allgemeinen weicht die Zeichensetzung (Interpunktion) im Französischen, außer bei der Kommasetzung, nicht wesentlich von der deutschen ab.

Der Punkt (le point)

Der Punkt steht am Ende eines Satzes.

- Jean est un homme très gentil.
- Ils sont déjà arrivés.

Das Komma (la virgule)

Das Komma steht im wesentlichen, wenn eine kurze Sprechpause gemacht wird. Ansonsten gibt es im Französischen für die Kommasetzung keine so festen Regeln wie im Deutschen.

	Komma	Kein Komma
Vor **que**, Infinitivsätze		Vor **que** (daß) steht kein Komma. Dies gilt auch für Infinitivsätze.
		• J'espère **qu'il** reviendra bientôt. • J'espère **revenir** bientôt.
Indirekte Fragesätze		Indirekte Fragesätze werden nicht durch Komma abgetrennt.
		• **Savez-vous** qui est venu. • **Dites-moi** qui est cette femme.
Relativsätze	In den ausmalenden Relativsätzen, die zum Verständnis des Satzes nicht notwendig sind und demnach auch weggelassen werden können.	In den notwendigen Relativsätzen, die zum Verständnis des Satzes notwendig sind und demnach nicht weggelassen werden können.
	• Mon ami, **qui passera son examen la semaine prochaine,** veut continuer à étudier.	• J'ai un ami **qui passera son examen la semaine prochaine**.
Adverbiale Bestimmungen	Nach längeren adverbialen Bestimmungen, die einen Satz einleiten.	Nachgestellte Adverbialsätze werden nicht durch Komma abgetrennt.
	• **Dans les champs,** c'était une terrible fusillade. *A chaque coup,* je fermais les yeux. (A. Daudet)	• Il est arrivé plus tard **parce que le train était en retard.**

Das Fragezeichen (le point d'interrogation)

Das Fragezeichen steht zur Kennzeichnung einer Frage.

- Est-ce qu'elle est déjà arrivée**?**
- Pourriez-vous me donner le sel**?**

Das Ausrufezeichen (le point d'exclamation)

Das Ausrufezeichen steht am Ende des Ausrufesatzes und nach Interjektionen (Ausrufewörtern), nach denen klein geschrieben wird. Bei der bloßen Aufforderung steht der Punkt.

- Quelle belle jupe elle porte**!** s'écria-t-elle.
- Donnez-moi le sel, s'il vous plaît.

Der Doppelpunkt (les deux points)

Der Doppelpunkt steht zur Einleitung der direkten Rede oder folgender Aufzählungen.

- Il dit**:** «Lisez le texte jusqu'à demain».
- Veuillez trouver ci-joint**:** votre ordre et un reçu en trois exemplaires.

Die Anführungszeichen (les guillemets)

Die Anführungszeichen kennzeichnen die direkte Rede oder ein Zitat.

- Il dit: «Lisez le texte jusqu'à demain.»

Der Bindestrich (le trait d'union)

Der Bindestrich verbindet Wörter miteinander und nachgestellte Pronomen mit ihrem Verb.

- celui-ci
- As-tu déjà fait tes devoirs?

Der Gedankenstrich (le tiret)

Der Gedankenstrich kennzeichnet vor allem den Wechsel des Gesprächspartners.

- Reste-t-il du pain d'hier? dit-il à Nanon. - Pas une miette, monsieur. (H. de Balzac)

Die Silbentrennung (la division syllabique des mots)

Die Silbentrennung erfolgt im Französischen generell nach Sprechsilben.

Einzelne Vokale am Wortanfang

Einzelne Vokale am Wortanfang können nicht abgetrennt werden.

- **é**tat
- **o**ser

Mehrere aufeinanderfolgende Vokale

Mehrere aufeinanderfolgende Vokale werden nicht getrennt.

- th**éâ**-tre
- p**oè**-me

Ein und mehrere Konsonanten zwischen Vokalen

Ein Konsonant zwischen 2 Vokalen wird an den zweiten Vokal angeschlossen.
Bei mehreren Konsonanten zwischen 2 Vokalen wird der letzte Konsonant an den zweiten Vokal angeschlossen.

- **di-ri**-ger
- pa**y-sa**n
- **par-ti**r
- **ex-cur-si**on

Konsonantverbindungen aus -l bzw. -r und -ch, -gn, -ph, -th

Konsonant + **-l** bzw. + **-r** und die Konsonantenpaare **-ch, -gn, -ph** und **-th** werden nicht getrennt.

- an-**gl**ais
- dé-sas-**tre**
- ga-**gn**er

Apostroph

Unmittelbar nach einem Apostroph darf keine Trennung vorgenommen werden.

- au-jour-**d'h**ui
- **l'a**r-gent

A

Abstraktum (Plural: **Abstrakta**) (nom abstrait)
Substantiv, mit dem etwas Nichtgegenständliches bezeichnet wird; *Begriffswort*

Adjektiv (adjectif)
bezeichnet eine Eigenschaft; *Eigenschafts-, Wiewort*

Adjektiv, attributives (adjectif épithète)
Adjektiv, das beim Substantiv steht

Adjektiv, prädikatives (adjectif attribut)
Adjektiv, das mit dem Substantiv durch ein Verb verbunden ist

Adverb (adverbe)
bezeichnet die Art und Weise, den Ort oder die Zeit, die Menge, den Grad, die Intensität; *Umstandswort*

Adverb, abgeleitetes (adverbe dérivé)
von einem Adjektiv abgeleitetes Adverb, das im Französischen auf **-ment** endet

Adverb, ursprüngliches (adverbe primitif)
Adverb ohne besondere Form

Adverbialsatz (circonstancielle)
Nebensatz anstelle einer adverbialen Bestimmung

Akkusativ
der vierte der vier Kasus; *wen-Fall*

Akkusativobjekt
Satzteil, der im Akkusativ steht; *direktes Objekt*

Aktiv (actif)
Handlung, die vom Subjekt durchgeführt wird; *Tatform, Tätigkeitsform*

Antonym (antonyme)
Wort, welches das Gegenteil ausdrückt; *Gegen(satz)wort*

Appellativum (Plural: **Appellativa**) (nom commun)
Substantiv, mit dem eine Gattung von Lebewesen oder Dingen bezeichnet wird; *Gattungsname*

Artikel (article)
Begleiter des Substantivs, der das Geschlecht des Substantivs angibt; *Geschlechtswort*

Artikel, bestimmter (article défini)
der, die, das bzw. **le, la**

Artikel, unbestimmter (article indéfini)
ein, eine bzw. **un, une**

Attribut (attribut)
hinzugefügtes Satzglied, das für das Verständnis des Satzes nicht notwendig ist; *Beifügung*

Attributsatz (phrase attributive)
Nebensatz anstelle eines Attributs

Aufforderungssatz (phrase impérative)
Satz, der eine Aufforderung, einen Befehl ausdrückt

Ausrufesatz (phrase exclamative)
Satz, in dem ein Ausruf ausgedrückt wird

Ausrufewort
→ Interjektion

Aussagesatz (phrase déclarative)
Satz, in dem ein Sachverhalt behauptet oder mitgeteilt wird

B

Bedingungssatz
→ Konditionalsatz

Befehlsform
→ Imperativ

Begriffswort
→ Abstraktum

Beifügung
→ Attribut

Bestimmung, adverbiale (complément circonstanciel)
Zeit-, Ortsangaben, Angaben der Art und Weise, des Grundes und der Ursache; *Umstandsbestimmung*

Beugung
→ Flexion, Deklination, Konjugation

Bindewort
→ Konjunktion

D

Dativ
der dritte der vier Kasus, *wem-Fall*

Dativobjekt
Satzteil, der im Dativ steht; *indirektes Objekt*

Deklination (déclinaison)
Abwandlung der Grundform von Substantiven, Artikeln, Pronomen und Adjektiven bezüglich Numerus, Genus und Kasus

Demonstrativpronomen (pronom démonstratif)
weist auf eine bestimmte Person oder Sache hin; *hinweisendes Fürwort*

Diphthong (diphtongue)
Doppellaut, Gleitlaut aus zwei Vokalen

Dingwort
→ Substantiv

E

Eigenschaftswort
→ Adjektiv

Eigenname (nom propre)
Substantive, die Sachen und Personen bezeichnen, die einmalig sind

Einzahl
→ Singular

Entscheidungsfrage (interrogation totale)
Fragesatz, der als Antwort eine Ja-/Nein-Antwort erwartet

Ergänzung, prädikative (complément attributif)
Adjektiv oder Substantiv, das sich auf das Subjekt oder Objekt bezieht

F

Fall
→ Kasus

Feminin(um) (féminin)
das weibliche der drei Genera

Finalsatz (circonstancielle de but)
Nebensatz, der einen Zweck, eine Absicht ausdrückt

Flexion (flexion)
Bezeichnung für Deklination und Konjugation; *Beugung*

Frage, direkte (interrogation directe)
Frage, die selbst den Hauptsatz bildet und nicht in einen Nebensatz eingebettet ist

Frage, indirekte (interrogation indirecte)
Frage, die in einen Nebensatz eingebettet ist

Fragefürwort
→ Interrogativpronomen

Fragesatz (phrase interrogative)
Satz, in dem eine Frage formuliert wird

Fragewort (adverbe interrogatif)
Wort, mit dem eine Frage eingeleitet wird

Fürwort
→ Pronomen

Futur I
Zeitform zur Bezeichnung der Zukunft; *unvollendete Zukunft*

Futur II
Zeitform, die ausdrückt, daß zu einem Zeitpunkt in der Zukunft eine Handlung abgeschlossen sein wird; *vollendete Zukunft*

Futur Proche
Zeitform zur Bezeichnung von Vorgängen der nahen Zukunft

Futur Antérieur
Zeitform zur Bezeichnung von Vorgängen, die an einem Zeitpunkt der Zukunft abgeschlossen sein werden

Futur Simple
Zeitform zur Bezeichnung von Vorgängen, die von der Gegenwart aus gesehen in der Zukunft liegen

G

Gattungsname
→ Appellativum

Gegenstandswort
→ Konkretum

Gegenwart
→ Präsens

Gegenwart, vollendete
→ Perfekt

Gegen(satz)wort
→ Antonym

Genitiv
der zweite der vier Kasus; *wessen-Fall*

Genitivobjekt
Satzteil, der im Genitiv steht

Genus (Plural: **Genera**) (genre)
das grammatische Geschlecht eines Substantivs, Artikels, Adjektivs oder Pronomens; *Geschlecht*

Gérondif
Verbform, die anstelle eines Nebensatzes steht

Geschlecht
→ Genus

Geschlechtswort
→ Artikel

Gliedsatz
→ Nebensatz

Grundform
→ Infinitiv

Grundstufe
→ Positiv

Grundzahl
→ Kardinalzahl

H

Hauptsatz (phrase principale)
übergeordneter Teilsatz in einem Satzgefüge, der alleine stehen kann

Hauptwort
→ Substantiv

Hilfsverb (verbe auxiliaire)
Verb, das zur Bildung der zusammengesetzten Zeiten und des Passivs gebraucht wird

I

Imparfait
Zeitform, die einen nicht abgeschlossenen Vorgang der Vergangenheit bezeichnet

Imperativ (impératif)
Verbform, die eine Aufforderung, einen Befehl ausdrückt; *Befehlsform*

Imperfekt
→ Präteritum

Indefinitpronomen (pronom indéfini)
Pronomen, das eine unbestimmte Person oder Sache bezeichnet; *unbestimmtes Fürwort*

Indikativ (indicatif)
Verbform, die einen Zustand, Vorgang als tatsächlich, wirklich darstellt; *Wirklichkeitsform*

Indirekte Rede (discours indirect)
Aussagen einer Person A werden durch eine Person B an eine dritte Person C weitergegeben

Infinitiv (infinitif)
nicht konjugierte Verbform; *Grund-, Nennform*

Interjektion (interjection)
Ausrufewort

Interpunktion (ponctuation)
Zeichensetzung

Interrogativpronomen (pronom interrogatif)
Pronomen, das Fragesätze einleitet; *Fragefürwort*

Intonationsfrage (interrogation marquée par l'intonation)
Frage, in der die Satzmelodie am Satzende nach oben geht

Inversionsfrage (interrogation marquée par l'inversion du sujet)
Frage, bei der das Subjekt hinter das Prädikat tritt

Irrealis der Gegenwart
Bedingungssatz, der ausdrückt, daß die Erfüllung der Bedingung unwahrscheinlich ist

Irrealis der Vergangenheit
Bedingungssatz, der ausdrückt, daß die Bedingung unerfüllt bleibt

K

Kardinalzahl (nombre, numéral cardinal)
eins, zwei, drei, dreißig, hundert etc; *Grundzahl*

Kasus (cas)
der Fall in dem ein deklinierbares Wort steht (Nominativ, Genitiv, Dativ und Akkusativ); *Fall*

Kausalsatz (circonstancielle de cause)
Nebensatz, der den Grund, die Ursache ausdrückt

Kollektivum (Plural: **Kollektiva**) (nom collectif)
Substantiv, das eine Gruppe gleichartiger Lebewesen und Dinge bezeichnet; *Sammelname*

Komparation (comparaison)
Steigerung eines Adjektivs oder Adverbs; *Steigerung*

Komparativ (comparatif)
die Steigerungsform eines Adjektivs oder Adverbs, die den ungleichen, höheren Grad ausdrückt

Konditionalsatz (circonstancielle de condition)
Nebensatz, der eine Voraussetzung, Bedingung ausdrückt; *Bedingungssatz*

Konjugation (conjugaison)
Abwandlung der Grundform von Verben bezüglich Person, Zeit und Modus; *Beugung*

Konjunktion (conjonction)
Wort, das zur Verbindung von Haupt- und Nebensätzen dient; *Bindewort*

Konjunktion, adversative (conjonction d'opposition)
Konjunktion, die den Gegensatz ausdrückt

Konjunktion, anreihende (conjonction de coordination)
Konjunktion zur Verbindung zweier Sätze oder Satzteile

Konjunktion, beiordnende (conjonction de coordination)
Konjunktion, die gleichartige Sätze (z. B. Haupt- und Hauptsatz) verbindet

Konjunktion, finale (conjonction de but)
Konjunktion, die eine Absicht, einen Zweck ausdrückt

Konjunktion, kausale (conjonction de cause)
Konjunktion, die den Grund, die Ursache angibt

Konjunktion, konsekutive (conjonction de conséquence)
Konjunktion, die die Folge, die Wirkung ausdrückt

Konjunktion, konzessive (conjonction de concession)
Konjunktion, die eine Einräumung, ein Zugeständnis ausdrückt

Konjunktion, konditionale (conjonction de condition)
Konjunktion, die die Bedingung ausdrückt

Konjunktion, modale (conjonction de modalité)
Konjunktion, die die Begleitumstände, Mittel bezeichnet

Konjunktion, nebenordnende (conjonction de coordination)
Konjunktion, die gleichartige Sätze (z. B. Haupt- und Hauptsatz) verbindet

Konjunktion, temporale (conjonction de temps)
Konjunktion, die einen Zeitpunkt, Zeitraum angibt

Konjunktion, unterordnende (conjonction de subordination)
Konjunktion, die Nebensätze einleitet

Konjunktion, vergleichende (conjonction de comparaison)
Konjunktion, die einen Vergleich zum Ausdruck bringt

Konjunktiv (subjonctif)
Verbform, die einen Vorgang als nicht wirklich darstellt; *Möglichkeitsform*

Konkretum (Plural: **Konkreta**) (nom concret)
Substantiv, mit dem etwas Gegenständliches bezeichnet wird; *Gegenstandswort*

Konsekutivsatz (circonstancielle de conséquence)
Nebensatz, der die Folge, die Wirkung ausdrückt

Konsonant (consonne)
Laut (Buchstabe), für dessen Aussprache noch ein anderer Laut benötigt wird, also alle außer den Vokalen; *Mitlaut*

Konzessivsatz (circonstancielle de concession)
Nebensatz, der eine Einräumung ausdrückt

L

Leideform
→ Passiv

Liaison
normalerweise stummer Endkonsonant wird gesprochen, wenn das folgende Wort mit Vokal oder unausgesprochenem -h beginnt

M

Maskulin(um) (masculin)
das männliche, der drei Genera

Mehrzahl
→ Plural

Mitlaut
→ Konsonant

Mittelwort der Gegenwart
→ Partizip Präsens

Mittelwort der Vergangenheit
→ Partizip Perfekt

Modalverb (verbe semi-auxiliaire)
Verb, das den Inhalt eines anderen Verbs abwandelt und mit dem Infinitiv eines anderen Verbs verbunden ist

Modus (mode)
Aussageweise. Zu den Modi zählen Indikativ, Konjunktiv, Konditional und Imperativ

Möglichkeitsform
→ Konjunktiv

N

Nasalvokal (voyelle nasale)
durch die Nase gesprochener Vokal

Nebensatz (phrase subordonnée)
untergeordneter Teilsatz in einem Satzgefüge, der nicht alleine stehen kann; *Gliedsatz*

Negation (négation)
Verneinung einer Aussage

Nennform
→ Infinitiv

Nennwort
→ Substantiv

Neutrum (neutre)
das sächliche der drei Genera

Nomen
→ Substantiv

Nominativ
der erste der vier Kasus; *wer-Fall*

Numeral (adjectif numéral)
Wort, das eine Zahl bezeichnet; *Zahlwort*

Numerus (nombre)
Singular oder Plural eines Verbs oder Substantivs; *(An)Zahl*

O

Objekt, direktes (objet direct)
Satzglied, das im Französischen ohne Präposition an das Verb angeschlossen wird

Objekt, indirektes (objet indirect)
Satzglied, das im Französischen mit einer Präposition, meist **à**, **de** an das Verb angeschlossen wird

Objekt, präpositionales (objet avec préposition)
Objekt mit einer Präposition

Objektsatz (phrase au lieu d'un objet)
Nebensatz anstelle eines Objekts

Ordinalzahl (nombre, numéral ordinal)
der erste, der zweite, der dritte etc.; *Ordnungszahl*

Ordnungszahl
→ Ordinalzahl

P

Partizip (participe)
infinite Verbform, die keine Angaben über Person, Numerus, Modus und Tempus enthält

Partizip Präsens
Partizip, das im Deutschen an der Endung *-end (z. B.: gehend, sitzend)* zu erkennen ist; *Mittelwort der Gegenwart*

Partizip Perfekt
abgewandelte Form des Vollverbs, das zur Bildung der zusammengesetzten Zeiten benötigt wird *(z. B.: gegangen, gesessen)*; *Mittelwort der Vergangenheit*

Participe Présent
Verbform, die in der Funktion eines Adjektivs oder anstelle von Nebensätzen steht

Participe Passé
Verbform, die zur Bildung der zusammengesetzten Zeiten und des Passivs dient und die in der Funktion eines Adjektivs oder Nebensatzes steht

Passé Antérieur
Zeitform zur Bezeichnung eines Vorgangs der Vergangenheit, der beendet war, bevor ein anderer einsetzte

Passé Composé
Zeitform zur Bezeichnung eines völlig abgeschlossenen Vorgangs der Vergangenheit

Passé Simple
Zeitform, die völlig abgeschlossene Vorgänge der Vergangenheit bezeichnet

Passiv (passif)
im Passiv wird eine Handlung nicht selbst vom Subjekt ausgeführt; *Leideform*

Perfekt
Zeitform, die den Vollzug, Abschluß eines Vorgangs ausdrückt; *Vorgegenwart, vollendete Gegenwart*

Personalform
→ finites Verb

Personalpronomen (pronom personnel)
Pronomen, das eine Person bezeichnet; *persönliches Fürwort*

Plural (pluriel)
Mehrzahl

Plusquamperfekt
Zeitform zur Bezeichnung eines Vorgangs der Vergangenheit, der beendet war, bevor ein anderer einsetzte; *Vorvergangenheit*

Plus-que-parfait
Zeitform zur Bezeichnung eines Vorgangs der Vergangenheit, der beendet war, bevor ein anderer einsetzte

Positiv (positif)
Vergleichsform des Adjektivs oder Adverbs zum Ausdruck des gleichen Grades; *Grundstufe*

Possessivpronomen (pronom possessif)
Pronomen, das ein Besitzverhältnis bezeichnet; *besitzanzeigendes Fürwort*

Prädikat (prédicat)
Verb des Satzes. Es kann aus dem Vollverb oder aus dem Hilfsverb und Vollverb bestehen; *Satzaussage*

Präfix (préfixe)
Vorsilbe

Präposition (préposition)
bezeichnet die Beziehung, das Verhältnis zwischen Wörtern; *Verhältniswort*

Präsens
Zeitform, die den Ablauf eines Vorgangs in der Gegenwart ausdrückt; *Gegenwart*

Präteritum
Zeitform, die ausdrückt, daß ein Vorgang abgeschlossen, beendet ist; *1. Vergangenheit*

Présent
Zeitform, die die Gegenwart bezeichnet

Pronomen (pronom)
Begleiter oder Stellvertreter des Substantivs; *Fürwort*

Pronomen, attributives (déterminant)
Pronomen, das nicht ohne Substantiv stehen kann

Pronomen, substantivisches (pronom)
Pronomen, das ohne Substantiv steht

Pronominaladverb (adverbe pronominal)
vertreten eine Fügung aus Präposition und Substantiv oder Pronomen. Hierzu gehören im Französischen **en** und **y**; *Umstandsfürwort*

R

Realis
Bedingungssatz, der eine erfüllbare Bedingung ausdrückt

Reflexivpronomen (pronom réfléchi)
Pronomen, das dieselbe Person wie das Subjekt bezeichnet; *rückbezügliches Fürwort*

Relativpronomen (pronom relatif)
Pronomen, das sich auf ein vorausgehendes Substantiv bezieht; *bezügliches Fürwort*

Relativsatz (phrase relative)
Nebensatz, der durch ein Relativpronomen eingeleitet wird

Relativsatz, ausmalender
Relativsatz, der zum Verständnis des Satzes nicht notwendig ist

Relativsatz, notwendiger
Relativsatz, der zum Verständnis des Satzes notwendig ist

Reziprokpronomen (pronom réciproque)
Pronomen, das die Gegenseitigkeit, Wechselseitigkeit ausdrückt

S

Sammelname
→ Kollektivum

Satzaussage
→ Prädikat

Satzgefüge (phrase complexe)
Satz, der aus mindestens einem Hauptsatz und einem Nebensatz besteht

Sein-Passiv
→ Zustandspassiv

Selbstlaut
→ Vokal

Singular (singulier)
Einzahl

Steigerung
→ Komparation

Stoffname (nom de matière)
Masse- und Materialbezeichnung

Subjekt (sujet)
Satzglied im Nominativ, das eine Handlung ausführt

Subjekt, grammatisches, unbestimmtes (sujet grammatical)
Subjekt, das keine Person bezeichnet. Im Deutschen ist dieses das Pronomen *es*, im Französischen **il**

Subjektsatz (phrase au lieu d'un sujet)
Nebensatz anstelle eines Subjekts

Substantiv (nom)
Wort, das ein Lebewesen, eine Pflanze oder einen Gegenstand bezeichnet; *Nomen, Nenn-, Ding-, Hauptwort*

Substantiv, abgeleitetes (nom dérivé)
von einer anderen Wortart abgeleitetes Substantiv

Substantiv, abgewandeltes (nom modifié)
durch ein Suffix oder Präfix abgewandeltes Substantiv

Suffix (suffixe)
Nachsilbe

Superlativ (superlatif)
Steigerungsform des Adjektivs oder Adverbs, die den höchsten Grad ausdrückt

Synonym (synonyme)
(annähernde) Bedeutungsgleichheit von Wörtern

Syntax (syntaxe)
(Lehre vom) Satzbau

T

Tatform
→ Aktiv

Tätigkeitsform
→ Aktiv

Tätigkeitswort
→ Verb

Teilungsartikel (article partitif)
bezeichnet eine unbestimmte Menge, den Teil von etwas Vorhandenem

Temporalsatz (circonstancielle de temps)
Nebensatz, der einen Zeitpunkt, -raum ausdrückt

Tempus (Plural: **Tempora**) (temps)
Zeit(form)

Tunwort
→ Verb

U

Umlaut
ä, ö, ü

Umstandsbestimmung
→ Bestimmung, adverbiale

Umstandswort
→ Adverb

Ursubstantiv (nom primitif)
ursprüngliches, nicht durch ein Suffix oder Präfix abgewandeltes Substantiv

V

Verb (verbe)
bezeichnet einen Zustand oder Vorgang, eine Tätigkeit oder Handlung; *Zeitwort, Tätigkeitswort, Tunwort*

Verb, finites (verbe conjugué)
Verbform mit Personen-, Zeit- und Modusangabe, konjugierte Verbform

Verb, infinites (verbe non conjugué)
Verbform ohne Personen-, Zeit- und Modusangabe, nicht konjugierte Verbform

Verb, intransitives (verbe intransitif)
Verb ohne Objektergänzung

Verb, reflexives (verbe réfléchi)
Verb mit einem Reflexivpronomen

Verb, reziprokes (verbe réciproque)
Verb, dessen Pronomen ein wechselseitiges Verhältnis angibt

Verb, transitives (verbe transitif)
Verb mit einem Objekt

Verb, unpersönliches (verbe impersonnel)
Verb, das nur in der 3. Person Singular verwendet werden kann

Vergangenheit
→ Präteritum

Verhältniswort
→ Präposition

Vervielfältigungszahlwort (mot multiplicatif)
Zahlwort, das angibt wie oft etwas vorhanden ist

Vokal (voyelle)
Laut (Buchstabe), für dessen Aussprache kein anderer Laut benötigt wird (*a, e, i, o u)*; *Selbstlaut*

Vollverb (verbe)
Verb, das das Prädikat alleine bilden kann

Vorgangspassiv (passif-action)
Passiv, das eine Handlung, einen Vorgang ausdrückt und im Deutschen mit *werden* gebildet wird; *werden-Passiv*

Vorgegenwart
→ Perfekt

Vorvergangenheit
→ Plusquamperfekt

W